浜　文子の「作文」寺子屋

鳳書院

浜 文子の「作文」寺子屋

はじめに

「文章表現学び合い」の名で、小・中・高生に、文章を書く講座を開講し、やがて九年になる。始めたきっかけは、私の著書の昔からの読者だったお母さん方の「子どもが作文が苦手で困っている」との訴えだった。

ちょうど、その頃、私は週二回のペースで地方の私立高校で、国語科の特別講座を受け持ち「書くこと、表現すること」の実践を通し、十代の子たちに向き合っていた。それが一段落し、「小学生のうちに書くことに対して身構えたり、億劫《おっくう》がったりしない気持ちを育てたい」と思う気持ちが強くなっていた。

そこで地域の公民館の一室で、受講を希望する子どもたちに私個人のオリジナルな方法で「書く」という行為に向き合い馴染《なじ》んでもらうことにしたのだった。私自身はこの「場」を「文章表現学び合い寺子屋」、略して「寺子屋」と名づけてきた。

受講する子たちを、一クラス十人までとし、それ以上、生徒が増えると、クラスを二つに分けてきた。開講日は当初一年間は一クラスにつき、一ヶ月に二回としていたがその後一ヶ月一回とした。

子どもたちが毎日通う学校や週に何回かの地域の学習塾とは別の、異年齢の子たちが集まるこの「場」を、私なりの思い入れと共に大切にしたく、この頻度とした。「書くこと」「書き表す」という行為に対して、たとえて言えば子どもたちに、備えつけのお茶をガブ飲みするのではなく、一杯のお茶を味わって飲むような気持ちで、「書くこと」への感性をゆったり育《はぐく》んでほしいと願ったからだ。

一クラスを十人までとしたのは、子どもの個性を知り個々の表現力の段階を把握していたいことと、毎回私の側からの感想や評価をきちんと言葉にして、一人ひとりの子に伝え、一人に百字～二百字のコメントを添えることを前提とすると、そうなる。子どもの書く作文に「見ました」のゴム印を捺《お》して返却することはしたくなかった。子どもたちは、やっぱり何か一言でも欲しいのだとつくづく思わせられるのは、毎年夏休みの自由研究などを、学校で「見ました」の文字の花のデザインの印を捺された後でも、わざわざ私に再度「見て！」と持参する子が多いこと。画用紙に写真を丁寧に貼りつけ、夏休みに参加したボランティア活動について詳しく記していた六年生の男の子などは、私の二百字の感想文を目の前でじっくりと読み、言った。「これで、やっとボクのボランティア活動と最後の夏休みが終った感じだ！」。

「寺子屋」は通常の学校とは点数の評価の仕方も違う。あくまでも、浜文子方式である。努力して、百字でも精一杯書けていればそこで百点。文字がきれいなら五十点の追加で百五十点。漢字が、学年に応じて適宜《てきぎ》使われていれば、そこでも五十点プラス。

詳しい描写、感心させられる表現、自分の思いが、的確に言葉にできていれば、そこで百点、二百点と追加されるので、課題をこなしていく子は、いつしか八百点、千点になる。減点方式は嫌いだから、加点していく。いつも思う。「なぜ、学校は百点が上限の評価なのか」と。私の「寺子屋」では、子どもたちが初めて五百点などをもらった時の目の輝きと驚きに、こちらが感動をもらってきた。

大多数の大人が誤解しているのだが、子どもたちにとって「書く」ことに大事なのは、第一に「技術」などではない。最も「書く」という行為に欠かせないのは、まず「物をよく見ること」と「感じる心」だ。見て、聞いて、驚いて、何かを感じそして時には「なぜだろう」という心を持ち、「きっとこうかも」と推量し想像し判断していく力を包含《ほうがん》した「感じて考える力」が、総合的な作文力へと繋《つな》がっていく。そうした能力を本人が自身の力で拓《ひら》いていける条件は一つ。目の前の事物に素直に心が開かれていること。心が閉ざされたままでは、子どもの作文力は育たない。

私の「寺子屋」での究極的な努力はまず「子どもの心が素直に解放されて

いるという状況を生み出すこと」に費やされていると言っても過言ではない。教材の工夫も、そこに焦点を置いてきた。「書きたい」「やってみたい」と子どもが思うことが第一だ。そして一人ひとりの子が何を思い、どう感じてもいい。少なくとも本人の思い方、感じ方それ自体をチェック、査定されることのない場として機能し続けることが「寺子屋」の意味だと思ってきた。目的は一点、自分の思いを自分の言葉で臆せずに書ける子を育てたいということ。

この一冊に紹介した「書く心を拓く方法論」は、子どもと共にやってきた数々のカリキュラムのほんの一部である。中に、非常勤講師として仕事してきた地方の私立高校でのエピソードも、幾つか挿入してある。作文教育に関心のある親御さんや教師の方々に「寺子屋」の試みと、子どもたちの姿が些《いささ》かでも伝わると嬉しい。

浜 文子の「作文」寺子屋

もくじ

（凡例）

一、引用文は、読みやすくするため編集部でふりがなを付けた箇所もある。
一、引用者による省略は（中略）とした。
一、引用・参照文献は（番号）を付し、巻末に列記した。

カバー及び本文中のイラスト……松永かの
装幀……澤井慶子

第一章

虫食い落ち葉との会話

詞《ことば》寄せで作文を遊ぶ

「寺子屋」に訪れる子たちに、まず最初にやってもらう作業は、私自身が名づけた「詞《ことば》寄せ」という授業である。

この授業の特徴と面白さは、どんな学年の子でも対応できること。年齢なりの言葉の用い方、生かし方を楽しめることだ。

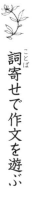

「詞寄せ」とは耳慣れない言葉だと思う。この言葉が、ふと浮かんだのは、日本ならではの「吹きよせ」という美しい和菓子の姿がイメージされてのこと。色々な形と色合いのニュアンスの異なる木の実や花、木の葉などを型どった菓子を一つの皿に寄せて供される楽しさを、言葉の上でも、子どもたちに展開してみたいと。

方法としては、まず、今、頭に浮かんだ言葉を次々に出してもらう。全く脈絡のない単語でかまわない。名詞でも、動詞でも、時には節（名詞＋動詞などの短い文＝鳥が飛ぶなど）でもいい。子どもたちの口から「りんご・ヘリコプター・時計・走る・ピアノ・カーテン・駆け出す・笑い出す・メロンパン……」等々、実に好き勝手に色々な単語や動詞などが飛び出す。

子どもの年齢により、生活の背景により、口を突いて出る言葉は違う。ちなみに高校生たちのクラスになると、たとえば、こんな風。「片想い・夢・地球温暖化・世界地図・ギター・自転車旅行・アイドル・受験・未来・ラッパー・現実・自分は自分・マクドナルド」等々。

私の「寺子屋」には、小学校二年生から高校生まで、希望があれば年齢に関係なく生徒がいる。

外国から訪れた人が、日本語を学ぶのではなく、生活の中でたとえば、高校生のお兄ちゃんと、小学二年の弟が日本語で「日常会話」を交わしているわけだから「寺子屋」の構成メンバーの生徒は、学年で分けなかった。教室には姉妹や兄弟の揃っての参加もある。

書き上げた文を読み上げると、中学二年の子の作文に「さすがァ！」という小学三年生の声があり、逆に中学三年の子から、小学二年生の作文に「子どもは想像力が豊かで良いなァ……」などと、トシヨリじみた感想が上がったりもする。

「詞寄せ」の進め方は生徒が無秩序に挙《あ》げた単語を一つ一つ黒板に書き出しそれら七、八個、あるいは十個、十五個という言葉を、全て入れ込んだ作文を書いてもらうという作業に移る。

学年のうんと下の子、あるいは作文が大嫌いな子は、言葉の中から四個だけ使ってみるというスタートでもいい。

約束ごとは、これらの単語を使いつつ、ちゃんとストーリー性のある文にすること。（ストーリー性などという言い方が全くクモを掴《つか》むようで、ピンと来ない小さい子たちには、「お話のように」「物語のように流れを作って」「それで、どうなるの？　とその先を聞きたくなるように」などと、色々な言い方で、分かるまで説明するがみんな、ほぼものの二分で説明を理解してくれる。）

前掲の単語を連ね、こんな風に書く五年生の子がいる。

「りんごをかじりながら友達の家に向かった。昨日はゲームに負けたので、今日はぜったいに勝つと決めていた。友達の家はパン屋で、お母さんが、勝ったらメロンパン一個プレゼントすると言ったから。家を出るとき時計は三時だった。五時には帰らなければならないから大変だ。空には、のんびりした感じでヘリコプターが飛んでいて、ぼくは急に走ろうという気になって、駆け出した。走っているうちに笑い出したくなった。道のむこうには友達の家が見えてきて、二階の子ども部屋の窓に青いカーテンも見える。ぼくが友達の部屋に着くと、友達のお姉さんはピアノ教室に行っていなかった。」

一応、文が書けている子たちにはさらに書き出しを変えたり、あるいは同じ単語から全く、さっきとは別の〝筋立ての異なる話〟を作ることもさせ、どんなものが生まれるかを楽しんでもらう。こうすることによって、同じ単語から何パターンもの文が生まれるのを知るとみんな面白がる。

あまり読み聞かせをしてもらっていない二年生と、一歳になるずっと前から絵本などに大いに親しんできた二年生とでは、スタート時に、既に差があるが、たとえば前者の初めての文。

「ピアノの上のメロンパンとりんごと時計はヘリコプターになって、走りたくて駆け出して、カーテンが応援しました。」

意味が不確かながら、なんとなくメルヘンタッチの短い文に書いては消した跡、消しゴムが何度も登場して原稿用紙に穴の空いた箇所もある。私は、その努力の跡に、それだけで○《マル》をする。大事なのは、その後の時間。この子に丁寧に尋《たず》ねる。子どもの心の中に浮かんでいるイメージを確認する。

「ピアノの上にメロンパンとりんごがあるのね？」

「うん、そう」

「時計は、その隣りに、パンとりんごと並んであるの？」

「ううん、ちがう。時計はピアノのずっと上の方に掛ってるの」

「じゃあ、そう書こうね。ピアノのずっと上の方の壁に掛っていますとか、柱に掛っていますとか」

「あ、分かった。あのね、りんごもパンも時計よりずっと下に置いてある。時計は上から見てる」

「じゃあ、それも書いて。時計が上から見てるって、とってもいいね」「何かの上に置く時計は置き時計、壁に吊るすのは掛け時計って呼ぶのよ」などと、ついでに話す。

こうやって問いかけていくと、子どもの内側には挙がった単語から連想した立派なストーリーがあることが分かる。丁寧に聞き取ると内容はこうだ。

「ピアノの練習が終ったら、おやつにしますと、お母さんが言ったので、おやつをピアノの上に乗っけて練習した。するとヘリコプターの音がして、『外に出られていいな。飛べていいな』と思った時計とりんごとメロンパンは、ピアノを弾いていた子が気づかない間に窓から外に飛び出し、走り出した。窓のカーテンは、逃げ出したみんなを応援するように、ガンバレと運動会の旗振りみたいに揺れた。」

と、こんな風だ。

小さい子にも心の中で、九個の単語に触発されて、生まれた小さな物語があり、それを他者に伝えるためには自分以外の人に、その物語が分かるように書くという作業がいる。

その方法とコツをこうやって少しずつ摑んでいくわけなのだ。最初は、大人が子どもの目の高さでほんの少し心の丈《たけ》に添って語りかけ、問いかけて書くことへの背中を押してやることだ。

書き加えておくと、高校一年ともなると、この九個の単語が、「りんご園の経営者たちの土地が、町の土地利用の計画のため、手離さなくてはならなくなり、それに反対する経営者たちは横断幕や幟《のぼり》にと、古いカーテンやピアノカバーまで持ちより『守れ！　りんご園』と大書してデモを開始した。新聞社のヘリコプターは、その上を旋回した。経営者たちは、時折駆け出し、走りながら、『守れ！　りんご園』のシュプレヒコールをした。小一時間も歩いたり走ったりすると時計を見なくとも、腹ごしらえの時間だと分かるから、朝に差し入れのあったメロンパンなど取り出し、そこで、やっと一息ついて『頑張ろう』という言葉を交わし三個も食べて、笑い出す者もいる。」などと使われる。

同じ単語でも、そこから連想し、引き出す本人の想像力も年齢によって変わっていくことが如実に分かる。

このレッスン、名づけて「詞寄せ」は、驚くほど、子どもに人気がある。不思議なほど「やりたい。早く書きたい！」と、みんなワクワクした顔つきになる。感覚としてはゲームやクイズにトライする顔つきだ。

この「詞寄せ」を試みたのは子どもに「書かされている」という感じ方で作文を書かせたくなかったこと。子どもが、自分たちで言葉を選び、その上で書き上がったものに正解や不正解といった評価などはなく、内容についても「みんな違っていて面白いな」という感覚をそれぞれが持ってもらいたいと願ったことだ。

子どもが「詞寄せ」をすると、これが家族の間で流行《はや》っているという報告をお母さん方から聞く。

面白い話もあった。お母さんが「洗濯機」と言葉を出すと、お兄ちゃんが「ハンバーグ」、妹が「アンパンマン」、そしてお父さんが「安い小遣い」。するとお母さんが「メタボ」などと言い、「文章の勉強のつもりが、感じが変わって、非難と悪口で、妙な方向に行ってしまって」とのこと。それでも良いと思う。思い出になれば、それも楽しい経験だ。

オノマトペからもう一度

「寺子屋」の授業の初期の課題の一つに「オノマトペ」を使って、そこから日本語の表現を多様に展開してみる訓練がある。進め方についてはまず、オノマトペについて、説明し、思いつくまま口々にオノマトペを出してもらい、それを一つ一つ黒板にチョークで書いていく。

チョロチョロ　ドンドン　ガタガタ　キラキラ　メソメソ　ガツガツ　ムシャムシャ　ゲラゲラ　ヒソヒソ　クスクス　コソコソ　ヒラヒラ　パラパラ　シトシト　サラサラ……子どもたちは、不思議と思いつくのに正比例して、元気良く、生き生きとしてくる。二十個ほどのオノマトペが並んだところで、みんなで声に出して、板書したものを読み上げる。教室中に大きな、オノマトペのリズムがうねるように響き渡り、子どもたちは楽しそうだ。

その、楽しそうな様子が頂点に達した時に「さあ、書いてみましょう！」と、鉛筆に思いを託させる。オノマトペを存分に使った作文を書く。

教室にはさっきのオノマトペのうねりの余韻が残っている。子どもたちは口を閉じその余韻を鉛筆の先に集めるようにして書き進める。

三年生の男の子が書く。

「朝目がさめてもグズグズとふとんから出られなくて、てのひらで顔をパンパン叩《たた》いて、やっと起き上がりました。階段をドタドタかけ降り、顔をジャブジャブ洗ってテーブルに着くと、弟はノロノロとパジャマを脱いでいてお母さんがガミガミ叱りました。ぼくはパンにジャムとバターをベタベタ塗って牛乳もガブガブ飲みました。」……という具合だ。

こんな風に、それぞれが書いた文章を「今度は、そのまま、オノマトペを全部やめて、同じ文を通常の言葉による表現で、別の原稿用紙に書き直してみて」とやる。せっかく書き上げ、喜んでいるみんなの口から「エーッ?!」とか「マジッ?!」といった驚きの声が上がる。中でも、「オノマトペを十個も使った」と喜んでいたり「十五個、軽く書いた」などと得意になっていた子は呆然《ぼうぜん》とした顔つきになる。

けれども、次の瞬間には鉛筆を握り締め、一心に言葉を探し、書き始める。
前述の子どもの文はこんな風になっていた。
「目がさめても起きるのがいやで、だらしなく横になったままでいたけど、思いきって、両手で少し強めに顔を叩いてみたら、やっとふとんから出られました。階段を両足に力を入れて元気に降り水をたっぷり使って、しぶきをはね上げて顔を洗って、テーブルに着くと、弟は、やる気のないようすでのんびりと手を動かし、パジャマを脱いでいて、お母さんは、体中のエネルギーを声に集め、大声で弟を怒りました。僕はパンにジャムとバターを盛り上がるほどたっぷり塗って、牛乳も口からあふれるほどいっぱいにしてそれを次々に、まるで吸いこむみたいに飲みこみました。」

様子、状態を表すとき、小さい子には、オノマトペは用いやすく、書きやすい。次にそれを逆転させ別の表現で言い換えてみる作業は、書くとき子どもの「言葉をあれこれ工夫して生み出す力」を育てる。

この言い換えの工夫を展開、応用し高校で講座をしたときは、全員に以下のような文もプリントして配り「ヤバイ」を全部止めて、まともに書き直しましょうとやったりもした。（生徒たちの、廊下での会話をそのまま授業に使ったものだ。）

「英語のテストは、ヤバイ結果だったけど落ちこんでもヤバイし、新しくできたラーメン屋に友達と出かけた。ヤバイ味だと評判だったけど食べてみるとほんとにヤバかった。ヤバ過ぎる！　クセになる。食べた後で友達が財布を開けてヤバイ！と叫んだ。財布がヤバイことになってヤバかった。ぼくが立て替えなければマジでヤバイことになっていた。」

生徒たちは、それぞれ声に出して読んでみては、ゲラゲラ笑ってここでも「ヤバーイ！」などと叫んだ。

話し言葉では、その年代のその時期の流行りの物言いで会話してもいいとは思う。会話が弾むだろう。

しかし、社会に出てからは、あらためて、仲間うちだけで使うのとは別の、ちゃんとした言い回しもあるのだということを知って、高校卒業までに機会をみてその言い方に換えてみるという訓練も必要だ。状況についても心境に関しても一つの表現で済ませていると、感受性も平べったくなり、深く考える習慣も生活から失せていく。

本人たちが困らないようにと高校生の特別講座の際は、時折は、こんな勉強も取り入れたわけだ。

子どもは、乳幼児の頃、短い一語を覚えるところから「言葉」への手がかりを得る。

「ママ」や「まんま」。母親と「食事」を言葉の入口にして育っていく子は多い。それから「わんわん」とか「ニャンニャン」とか同じ音を続けて、動物の名を象徴させて口にしたりする。

「寺子屋」に初めて来る子たち（二年生や三年生）に尋ねてみる。

「みんなが、自由にお友達や家族とお話をしたり、自分の気持ちを伝え合ったりして毎日過ごしてるでしょ。いつから自由に話せるようになったのか分かる？」そして「誰に言葉を教わったの？」「最初に言った言葉は、何だったのか、それは何歳かを家族に尋ねてみて」等々と言ってみる。

子どもたちは、「考えたことない」とか「いつから喋《しゃべ》れたんだろ……」などと言う。意志疎通を、日々自分の口から出す言葉で果たしていることについてあらためて驚くようだ。

次の回に「私、最初に言ったのは〝ママ〟だって。お母さんに聞いた。一歳半だって！」などと報告してくれる。

親子で、「言葉」について会話する時間が持てたことは、「寺子屋」で文章を書く作業を始めるために、子どもの意識、モチベーションを上げるのに役立つ。

「詞寄せ」も「オノマトペ」の多用文も、ちょうど子どもが言葉を獲得していった手順を遡《さかのぼ》り、その原初の風景に立ち返った所から、あらためて「今」の言語能力を確認してみることが楽しく、愉快で仕方がないとでも言うように（無意識にそう感じているに違いないと思えるほどに）子どもたちは、無秩序に無造作に集められ、並べられた言葉から、一つの文を生み出すのも、オノマトペも好きだ。だから時折は「詞寄せ」の中にオノマトペも幾つか加えることもする。

脈絡のない言葉の一つ一つは、それ自体では、単独にそこにあるだけだ。

「ここに、ただバラバラに並んだ言葉の一つ一つを、どんな順に置いて、どれとどれを、どんな風に使ったら良いか、好きに考えて文章にしてみて」

「詞寄せ」というこの試みは作文が嫌いだとか苦手だと思っている子たちに「作文って、難しくないな」「文章って、楽しく書けるんだ」という感想を抱かせる結果を生んだ。

よく学校で「読書感想文」を書かせたり長期の休みの後は「冬休み（夏休み）の思い出」を書かせる。「遠足」「運動会」「修学旅行」などの学校行事の後も感想文を要求する。何事も「あれは、こういうことだった……」と、一つの体験に自分で意味を持たせ、納得させられるのには、決して短くはない月日がいる。

小・中学生のうちに性急に、確認作業のようにそれをさせると、子どもは「書かなくてはならない」という意識に迫られて、書くことは「書きたい」より先に「仕方ないから書く」という辛い義務になってしまうのではと、思うのだが。

私が「寺子屋」の「詞寄せ」の授業でやったことは、たとえば「読書感想文」などを書く時に、その本の読後に、一番心に残った場面や主人公の言葉などを幾つか「詞寄せ」の方法で集めてメモし、それを中心に書き出しを、どれにするか、終りをどのように運んでいくかなど考えてみると、書き良くなるということも、伝えてきた。行事の感想も同じ要領だ。「大縄飛び」「クラス優勝」「雨上がり」「リレー負ける」等々とメモしてみると「運動会を終えて」という宿題の作文がサラサラと書けたと喜んで報告してくる子が増えた。

生徒に弟子入り

私は個人的に、子どもたちの心には、十代の早いうちから、良い詩が刻まれてほしいと願っている。厳密に言えば詩という形に表された言葉の調べを心に刻み、刻まれた言葉が描く世界を、長く魂に留めてほしいと思っている。良い詩は、必ず人生の助けになる。

人生のふとしたひとときに、一つの調べとなって心に浮かぶ言葉は、生きている者の慰めとも、励ましともなり、そのときの人生の状況に伴走してくれる。

ふだんの日常では心の奥底に眠っている言葉が、一つの調べとなって、ふっと浮かび上がる、そのような世界を持つ子を授業を通したくさん育てたいと思っている。

詩は言葉による絵画といった側面がある。たとえば、悩みや苦しみにぶつかった時に、ただ暗闇の中に佇《たたず》むのではなく、自分のその暗闇を客観的に眺《なが》めるだけの余裕を、絵画を掲《かか》げるようにして、好きな詩を口にし、呟《つぶや》き、心に一拍変化をつけてもらいたいと思うのだ。

落ちてきたら／今度は／もっと高く／もっともっと高く／何度でも／打ち上げよう／美しい／願いごとのように[1]

たとえば、黒田三郎のわずか八行の、この短い詩は私自身が初めて接した十代の頃から、心を摑まれ、幾度も人生の中でリフレインされる機会を得たものだ。「紙風船」と題するこの一編を用い、一行目の「……したら」と「もっと」「もっと、もっと」そして「……しよう」加えて「……のように」の表現を、そのまま生かし自分なりの一編の詩を書かせてみる。

その際の約束事は、タイトルの文字を、詩の中には用いないこと。

黒田三郎の本詩も、紙風船を手のひらに感じた際の、作者の描写だけが描かれ、タイトルは独立して置かれ、そのまま一編の描写に入っている。タイトルは、鮮やかな象徴として据《す》えられる。オシャレな工夫が生きている。

「紙風船」の詩を授業に使う時は、必ず実物の紙風船を持参し、詩作にとりかかる前に三、四人で一グループになり、五回、十回と紙風船を落とさぬように打ち上げてもらう。紙風船を落とさぬように打つ手の動きと、その力の具合を体で摑んでもらいたいからだ。初めて紙風船で遊ぶ子もいて、そんな子は、必ず上がった紙風船をバレーボールのレシーブのように、叩きつけるように上から下へと打ち下ろす。「打ち上げる」という表現を感じ取ってから詩作へと向かわなくてはならない。

「やってみて分かった？　この黒田さんという詩人は、落ちてきたら、何度でも、もう一度もう一度、もっと……と書く、その心を紙風船を打ち上げるような感じでと、表したわけですヨ」と説くと、本当に表現がみんなの心に落ちていく。

四年生の男の子が書いた。

「はずしてしまったら／今度は／もっと集中して／もっともっと集中して／何度でもねらおう／みんなに注目されるように」

タイトルは「シュート」。

三年生の男の子は、

「紙が破れたら／こんどは／もっとうまく／もっともっとうまく／何度でもやり直そう／思ったことが／書けるように」

と決意表明の詩。タイトルは「作文への道」。

この詩を教材にした授業では、さまざまな思い出が蘇《よみがえ》る。

高校の特別講座に通っている頃、この授業にだけ出て来る不登校の生徒がいた。こんな詩が書かれていた。

「見つからなかったら／もっと目をこらし／もっともっと目をこらし／見つかるまで探してみよう／明かるい私の未来に続くものを」

タイトルは「四ツ葉のクローバー」。

この詩を見てすぐにペンを手にし、感想、評価を書いた。その子に向けて「なんとステキな詩が完成したことでしょう！　四ツ葉のクローバーを一生懸命探す女の子の姿が、この短い詩から絵のようにくっきりと浮かびます。」とここまで書いたとき、私の頭上から、勢いのあるキッパリした口調の言葉が降ってきた。

「先生、赤いペンは止めて、黒か青で書き直してください」

見上げると、担任だという二十代の女性教師が、パッチリと目を見開いて、私の手許を見下ろしていた。聞けば、不登校の子たちへの対応について、専門家に受けた講習で、「赤ペン、赤鉛筆を使う評価は厳禁」とのこと。

「この経歴の子たちは、全員大人の評価に傷つき心を閉ざしています。〝朱《あか》〟という色と文字に拒否反応があるので、使うことは禁止です」

私の朱のペンは止まらず、素直にその続きを記し終えるとそのペンでそのまま書き終えた感想をハナマルの連続模様で四角く囲んでみた。すると私の額入りの評価のような感じになった。

「これならどうかしら」

この女子生徒の登校の日誌に「詩を初めて書いて、先生にとても褒《ほ》めてもらい、嬉しかった。お花で囲まれていて、かわいかった。もっとたくさん、色々な詩を書けそうな気になった。」とあった。

講習で専門家の方の言葉に敏感に反応する前に、この子の詩の言葉に敏感に反応する教え子の専門家であってほしいと思う。

　この女性教師は、決して私に嫌味を言ったのではない。彼女は、真面目で、色々と勉強熱心な人なのだ。

　だが子どもは（特に思春期の敏感な時期の子は）本当に嘘のないまっすぐな大人の言葉しか、受け止めないし、そのような言葉しか心に届かない。理論や統計で示されるデータは、個々の「こころ」に当てはまりはしない。子ども一人ひとりは、あくまでも本人個人であり、その対応も一括《くく》りのノウハウの器に納められるべきところで生きてはいまい。

　子どもは、いつどこで、どんなものやコトに出会い、自分の内側を拓き耕すキッカケを得るか分からない。一編の詩から、自分を見つめ直すことも少なくないのだ。

　詩を書くこと、それ自体に目醒めてしまった（?）子もいる。高校での講座の際に、自分の氏名の漢字の中から一字を選び、その文字からのイメージを広げ、発展させて自分の個性や状況など、さまざまに思うところを書くという課題を与えた。

「一」と書き「はじめ」と読ませる名の子は、

「漢字でも一／数字でも1、なんてサッパリとし／無駄のない／さわやかな文字だろう／ボクは、しつこい／ボクは考えこむ／すぐクヨクヨする／無駄に悩み／サッパリといかない／こういうのを／名前負けというらしい」と一編。

また「宗介」という名の子は、実にエスプリの感じられる一編を書いた。勉強ギライを自認し「ギターさえあれば人生楽勝」と豪語している子だ。約束の提出期日になっても一向に持ってこない。二週間が経った。地方の、その高校に毎週東京駅から高速バスで通っていた私は、ぎりぎり最終バスが出る時間まで職員室で待つと伝えて、その日の授業を終えた。

校内の明かりが消える頃、彼は仲の良い友人を連れて職員室の戸を開け、私の机の脇に立って「はいっ。これでいいですか？」と。

「介という文字をジッと見た／なんだか屋根の下に人が二人／向き合って立っているように見えてきた／すると、この二人の距離が、気になり始めた／親子かな／兄弟かな／この二人が重なれば／介の文字は矢印になって／二人の向かう方向性が／決まるな」

私はこの一編を目にし、思わず席から立ち上がった。彼にお辞儀を一つしてから「弟子にして下さい」と言った。「とてもオシャレな良い詩。エスプリ詩人の誕生です！　参りました」。彼に伴って来た友人が叫んだ。「マジかっ！」。

「エスプリって何？」と聞いた本人に「自分で、しっかり辞書で調べなさい」と告げた。

翌週、職員玄関に入ると、彼が小さなてのひらサイズのノートを手にし私を待っていた。

ノートには一冊分ぎっしりと詩が綴《つづ》られていた。ノートの表紙には「エスプリ詩人・詩集」とあった。

詩を使った自己紹介

私が寺子屋で初対面の子たちに初期にやってもらうのは先述の「詞寄《ことば》せ」に続く自己紹介を兼ねた詩の創作だ。

肩に力を入れなくても書ける、それでいて無意識のうちに「自分について」を、思わず知らず、じっくりと考えてしまう時間を、子どもたちの中に生み出す。まず、自分についてストレートに書く準備として吉野弘の詩をベースにしている。「紹介」[2]と題する一歳の女の子について描いている詩は、十三行の短いものだ。「一歳です／おいた、します／おなか、空きます／おっぱい、たっぷり飲みます／お通じ、あります」という風に最初の節は書き出され、一歳の子の現在の状況、様子を記し、ラストの一行は「おしめ、まだ取れません」だ。

この詩を幾度も読み、同様に自分たちの実年齢から最初の一行を書き始めてもらう。その後は、自分の特徴、周辺の生活を思い起こし、自由に書きたいことを書くように勧める。

この詩が「～です」で書き進められ、最後に「～せん」で終ることで生まれる効果などを話し合う。その上でラストを「～せん」という否定表現で終らせても、あるいは、そうしないで、ずっと「～です」で続けたまま終らせてもいいと、それぞれの詩の終り方を自身に選ばせる。

もとの詩を真似て、十三行でまとめる努力は、たとえばこんな風になる。

「十二歳です／野球得意です／給食おかわりします／妹は幼稚園です」などと続き、最後に「ケータイ買ってもらえません」と書く子。また「十歳です／ピアノやっています／水泳やっています／そろばん習っています／お手伝いします／お母さんはダイエット中です」と続け、最後「お母さんはやせません」で終る子。

そして「十一歳です／ゲームが好きです／マンガも好きです／肉が好きです」と、好きなことオンパレードのラストは「作文キライです」でまとめている子。念のため、スタート時に文を書くのが好きではない、苦手だとハッキリ書いているこんな子が存分に書くことに没頭していくのを見続けていると私は思うのだ。

「書ける自分に気づいていないだけ」なのだと。

子どもは、みんな自分の力を伸ばすのが好きだ。いや、正しく言えば、自分が伸びていくとき純粋に自分の内側から興奮する生きものだ。

子どもが何かに夢中に取り組んでいるときは必ず、その子の内側で自身の成長に繋《つな》がる何かが起こっている。

だから、夢中で何かに集中している子には黙って、そこに没頭させてやるのが大人の度量でありつとめだ。電子機器を相手に液晶画面に黙々と何時間も心を奪われているという子どもには成長期の子の健康面からも「待った」をかけたいが、子どもが「読む」こと「書く」こと、そして「話す」「聞く」といった「言葉」に関わる作業に自身で打ち込み、没頭する時間は、それを大いに大切にしたいものだ。

「学ぶ」とは、「真似ぶ」ことからの出発とはよく知られてきたことだが、子どもたちに、真似してもらいたくなる詩作品の中で、川崎洋の「ほほえみ」[3]と題する詩がある。そのリズムと流れ、詩全体の感触といったものに「自分たちもやれる」

と、子どもたちが楽し気に書き進める「ほほえみ」の原作がこれ。

「ビールには枝豆／カレーライスには福神漬け／夕焼けには赤とんぼ／花には嵐／サンマには青い蜜柑《みかん》の酸《す》」……と続くこの詩の最後は「ほほえみ　には　ほほえみ」の一行で締《し》め括《くく》られ、全、十五行の作品。ちなみにラストの一行前には、一行分空けた空間があり空間の前の十四行目は「五寸釘《ごすんくぎ》には藁人形《わらにんぎょう》」である。

子どもたちは、この授業も楽しさ満開という表情で、さっと作業に取りかかる。

子どもは、家族のことを、少しナナメから描き出すことが、案外好きだ。

「ほほえみ　には　ほほえみ」までの十四行を、それぞれに工夫する。

「お父さんには改造バイク／ビールにはピーナッツ／おじいちゃんには釣り／ボクにはサッカーボール／妹にはアンパンマン／お母さんにはネイルケア／朝ごはんにはベーコンエッグ／おばあちゃんには和食／和食にはのりとしば漬け／モルモットのペコには／ひまわりのタネ／ひまわりには大きな太陽／大きな太陽には帽子／帽子の裏には名まえ／名まえを書くのは油性ペン／ほほえみ　には　ほほえみ」

三年生になりたての、この子の「名前を書くのは油性ペン」に続く「ほほえみには　ほほえみ」は、本人の計算外の楽しさがあると思ったら、本人はちゃんと消えない「油性ペン」の言葉に「ほほえみ」を重ねて、前向きにしたのだとか。「いいでしょ?」と得意そうだったが、書き綴りながら、終りへ向かって、なんとか前向きにしたいと思い思いしつつ鉛筆を運んだ工夫が微笑ましい。こうして子どもは、技法としてというより本人の「表現作法」としての力をつけていく。

「寺子屋」は、子どもたちにとっていつもの「日常」からほんの少し別の場所に立ってその場所から自分について思いを巡らせ、言葉を綴っていく場になっていく。書きながら気づいていき、表しながら見つける自分の片鱗《へんりん》というものがある。

一人のお母さんが、口にした、忘れられない一言がある。

「作文が上手くなるとか、得意になるということより、私はこの場に流れているこの時間が好きなんですよね。この雰囲気が」

ああ、そうなのか……と「寺子屋」に私の知らなかった窓が一つ開いた気がしたのだった。

何気ない日常を、しずかな筆致で切り取り、その世界を優しい言葉で、はらりと開いてみせるという、そんな詩人として代表格の吉野弘、黒田三郎は、私の好きな詩人だが、「寺子屋」でも、お二人の作品は、よく朗読したり、それを教材に用いてきた。

黒田三郎はキッチンでの幼い娘との一場面を「夕方の三十分」(4)という作品に残している。

親なら、忙しい作業の最中に、子どもからあれこれ色々なことを話しかけられずに、手許の仕事に集中したいときがある。そして幼児は、なんだかんだと、自分の興味、関心のある世界について、親に訴え、そこに親を引き込もうとする。どこにでもある、夕方の食事作りに励む親と、その側で遊んでいる幼児の光景を描いている。

コンロから御飯をおろす／卵を割ってかきまぜる／合間《あいま》にウィスキーをひと口《くち》

飲む／折紙で赤い鶴を折る／ネギを切る（中略）

この一節目が詩の始まりである。二節目に、続けてこう書く。

僕は腕のいいコックで／酒飲みで／オトーチャマ（中略）

ユリという名の小さな娘は、他人の家で半日を過ごしたため、このときとばかり、父親に色々と要求する。

「ホンヨンデェ　オトーチャマ」／「コノヒモホドイテェ　オトーチャマ」（中略）

四節目には、フライパンをゆすっている父親が次第に不機嫌になり、娘も「オトーチャマ」の呼びかけが「オトー」と変わり「ハヤクー」と抗議する。

五節目、癇癪《かんしゃく》もちの父親が「自分でしなさい　自分でェ」と怒り、小さい娘も

「ヨッパライ　グズ　ジジイ」と応じ、父親は娘のお尻を叩き、ユリは大声で泣く。
そしてラストの一節。

それから／やがて／しずかで美しい時間が／やってくる／おやじは素直にやさしくなる／小さなユリも素直にやさしくなる／食卓に向い合ってふたり坐《すわ》る

私は、この授業のときに、男の子、女の子に分けそれぞれ父親役、ユリちゃん役になりきり、この詩の中の台詞《せりふ》を読んでもらう。他の状況説明の文は、私が読む。子どもたちは、弟や妹がいたり、夕方の食事どきの忙しい親の姿などを知っているから、この詩への感情移入は、とてもスンナリといく。「自分でしなさい　自分でェ」を読む男の子の中には、すっかり父親気分で、野太い声音《こわね》で喉の奥から言葉を吐き、「オシッコデルノー」の台詞に、思わず恥ずかしそうに読み上げる女の子もいる。その女の子を笑う男の子には、次にユリになってもらい、立場を交換したりもする。

そうやって、詩の世界に入りこんだところで、お母さんは入院中という設定で、この日の夕方の出来事を伝え、近況をベッドの上の彼女に報告しつつ、父親から、あるいはユリちゃんから、どちらかの立場になって、「手紙」を書いてもらう。

この課題を試みるとき面白いのは、男の子だから父親のつもり、女の子だからユリの立場で書くとは限らないこと。主体の設定を思いっきり変えてもいいという条件それ自体に子どもはわくわくしてしまう。

三年生の男の子が女の子気分で「ママ、このごろのパパは、すっかり酒のみになってしまって、ママが退院するころは、こんどはパパのほうがアルコール中毒で入院になるんじゃないかとユリは心配だよ。それに、すごく怒りっぽいの。きっとママがいないからイライラしているんだと思うけど、ユリも少しガマンが足りないかもしれないわね。」などと書き、五年生の女の子が夫モードで「体の方は、大丈夫か。最近のユリの聞き分けのなさには手を焼いている。寝てばかりいた赤んぼうのときのユリがなつかしいよ。しかし成長するっていうのは、そういうことかもな。」などと書く。

同じ五年生の男の子は、「君の毎日の大変さが分かったよ。君はどうやって、あの聞き分けのないユリの相手をして、毎日をやっていたんだい。退院したら、まっ先に、それを聞きたい。そして育児に、協力したいものだと反省したよ。」とイクメンへの変身宣言もする。かと思うと三年生の女の子は、ちゃんと父親の労働と、その努力を認める女の子になりきって「きのうもオトーチャマは怒ったけど、ちゃんとユリと仲直りして、作ってくれた卵焼きも、おいしかったよ。お仕事も料理も、とてもがんばってくれてるよ。」と、しっかり記しつつ、最後の一行は「でもね、ユリはやっぱりママがいい。ママのほうがホッとする。きっとパパもホッとするよ。退いん待ってるよ。」と結ぶ。正直な気持ちが開示されている。

私は、教材を選ぶ際、かなり生徒の置かれている日常の状況を意識している。この「寺子屋」の数時間が、一人の子の人生に、一つでも二つでも、他の日にはなかった「出来事」を心に刻んでくれればと思っている。

一クラスの上限が十人という、本当の少人数だから実現できることとして、子ども一人ひとりの日常に抱えている不安や心配が、少しでも払拭《ふっしょく》できる方向へと意識する。

この「夕方の三十分」の授業でクラス全員に父親になったり、ユリになったりしてもらったことがとても役立ったことがあった。六年生の女の子で、これまで一年生からずっと、学校で誰にも一言も口をきかないで過ごしているという子がいた。この子は、途中から「寺子屋」に入ってきた。友達や母親同士の口コミをきっかけに来る子はいるが、都内の教室だと、十人の子の全員が、それぞれ別の小学校や中学から来ていることもある。この女の子は学校で発語しないので、専門機関に定期的に通っているとのことだった。この子は、書いた作文を私が褒めると、最初からはにかみながらも、「ありがとうございます」と口を開き、そう言った。

学校の、いつものメンバーが揃ったクラスで、突然口を開くのは、この子には抵抗感が強いかもしれない。しかし「寺子屋」の「見慣れぬ子たち」が一ヶ月に一度だけ集まる教室内では、案外、その抵抗感は薄まり、変身が容易かもしれない。ふっと、そう感じた。

少女時代、二年に一度、あるいは一・五年に一度という頻度で転校していた私は、その経験の中で、転校第一日目にクラスメイトに自分から何か話しかけるか、三日間黙りこんで過ごすかで、「あの子は明るい」「暗くておとなしい」というように周囲が一方的に他者を決めこむものだと、知っていった。だから思ったのだ。この女の子だっていつかきっと別の自分を外へ出したいと思っているかもしれないのだ。

「夕方の三十分」の授業の際、なんと彼女は私が呆気《あっけ》にとられるほど、すんなりと、そして生き生きと、

「ホンヨンデェ　オトーチャマ」「コノヒモホドイテェ　オトーチャマ」と、見事に小さなユリになりきって台詞を言い、詩の中に入ってくれた。彼女が、あんまりウキウキとした様子なので、全く彼女一人のために、三度、四度とこの朗読劇を追加したのだった。

この後、「寺子屋」に四、五回、出席した彼女は、小学校の卒業を迎え、中学でのクラブ活動が忙しくなり「寺子屋」には来られなくなって私との関わりは、そこで終った。後で彼女が「演劇クラブ」に入部したというお母さんからの報告を

受けて、心にポッと灯《ひ》が点った。

子どもの成長と変化の道すじは、どこに用意されているか神さましか知らない。そして子どもの魂の芽ぶきの種は、いつ見つかるのかも分からない。途中からのご縁で、それも七、八回の出会いで終えた間柄だったが、授業が終ってから、暗くなった外の景色を眺めながら彼女と友達同士のようにお喋りした時間が懐かしい。

相手の心に寄りそう

　私が文芸作品を通じて行ってきた授業の最も大きい目的は、色々な人の身になり、立場になりかわり、「自分以外の他者に対する心の想像力の持ち方」を育てることだと言える。

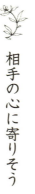

　どんなに偏差値が高く、学力という点での評価が高くても、他人の気持ち、相手の心への想像力がなければ、将来、どんな仕事も先細りするものになると思う。「相手の心」と書いたが、「心」に限らず、他者を取り巻く環境とか、置かれている状況とか、そうしたものやコトにまで、色々と思いを馳せられる能力を育ててこそだと。
　そういう意味で、人を育てる、子どもを育て、大人にしていくとは、つまりは、人としての共感力を育《はぐく》んでいくことなのだと分かる。だからまだ小学生のうちに学校での国語科の授業に堂々と「ディベート」のテクニックが登場したとき、私の中に深い疑問と共に暗たんたる思いが湧くのを禁じ得なかった。

十歳、十一歳の子に大事なのは、異質な部分を見つけて、それを理論で論破することではなく、その前に、少なくとも小学生では、本当に心の琴線《きんせん》に濃く触れてくる上質の文学作品などを存分に味わわせ、共感と共鳴、同情、同感の心を強く魂に刻むことだと思う。ディベート能力などは、そのはるか後に、必要に応じて訪れるものだろう。まさに必要に迫られて、内的な必然性によってだ。

言葉はまずそれを介して人と人が繋がり、新しい世界が開け、さらに深く、自分と出会う手段となる「人間が人間であるための唯一の道具」なのだから。

私は他者の心への想像力を養うための教材に大いに工夫する。その中の一つに吉野弘の「夕焼け」[5]という一編をみんなで味わい、自分の心の中を見つめ、そして、詩の主人公の心に、自分を重ねてみて、書いてもらう課題がある。

「夕焼け」の詩は「いつものことだが／電車は満員だった。」で始まる。

詩の主人公は乗客の中の、一人の娘さんだ。

娘さんは空いている席に座る。座ると、人ごみに押し出されるようにして、おとしよりが彼女の前に立つ。娘は席を立ち、すぐにそのおとしよりに自分の席を譲る。電車は次の駅に着き、おとしよりは席を立ち、礼も言わずに電車を降りて行く。娘は再び、その席に座る。すると、その駅から乗った別のおとしよりが、横あいから押されてきてまた娘の前に立つ。娘は少しうつむき、先刻のように自分の席から立ち、席を譲る。としよりは次の駅で、礼を言って降りた。娘は座る。なんと、再び別のとしよりが娘の前に押し出されて来る。それから、吉野弘の詩は、このように続く。

可哀想に／娘はうつむいて／そして今度は席を立たなかった。／次の駅も／次の駅も／下唇をキュッと噛んで／身体をこわばらせて――。／僕は電車を降りた。／固くなってうつむいて／娘はどこまで行ったろう。／やさしい心の持主は／いつでもどこでも／われにもあらず受難者となる。／何故って／やさしい心の持主は／他人のつらさを自分のつらさのように／感じるから。／やさしい心に責められながら／娘はどこまでゆけるだろう。／下唇を噛んで

／つらい気持で／美しい夕焼けも見ないで。

……情景が映像で見るように心に浮かぶ詩である。

私はこの授業のために、電車の吊り革を模した形の物を厚紙で作り、教室ではこれを片手に持ち上げて電車内に立っている状況の人を想像させ、あとは椅子を並べて電車内のシートに見立て「夕焼け」の詩の世界を、そのまま子どもたちとやってみたりした。

娘役の子はせわしなく、立っては座りを繰り返し、おとしより役の子たちは、私が要求していないのに、揃って腰を曲げたり、ヨロけたりしながら電車に乗り込んで来ては娘の前に立ちそして降りては、次の老人が娘の前に立つということをやってみせた。それから、私がみんなに出した課題は、三つである。

一、それぞれが、娘になった気持ちで、この日の日記に、夕方の電車内での出来事を書いてみる。そして、その行為への自分の思いを、あらためてふり返る。

二、この娘の様子を全部見ていた近くの席の、娘と同年代の男の人の思い、感想を言葉にして、やはり日記に書いてみる。
三、娘に席を譲ってもらったおとしよりの家族で、孫である少年の、このときの気持ちを日記にしてもらう。
子どもたちには、この課題の目的〝色々な立場に立って考える〟などというテーマは一切口にしない。あくまでも、それは私の側の心の内に秘してのスタートだ。

この三つの課題に取り組んでもらったら、五年生の男の子は、この授業の後、神妙な顔で、こんなことを言った。

「色々な人のつもりになってみたらとても不思議だった……。ちょっとビックリ。ボクって結構、勝手なヤツ」

この子は一、に「今日は三人もの老人に席を立った。三回も席を譲ると、まわりの人が驚いている気がして、良いことをしているはずなのに、なんだか少しずつ恥ずかしくなって、早く電車を降りたくなった。まわりの人からは、親切ぶっている子に思われただろうか。良いことをするのも楽じゃない。」
二、に「せっかく座ったのに、前に老人が立つたびに立ち上がって、自分の席を譲る子がいて、見ているほうが気になって疲れた。親切なのは立派だけど、なんだか近くに座って、その様子をただじっと見ている自分は冷たい人間みたいに思ってしまった。ボクは、絶対に席は譲らない。だって、ちゃんとシルバーシートが用意されているし、夕方は、おとしよりじゃなくても、みんなくたびれているんだし……。」

そして三、「お母さんに頼まれて、おばあちゃんの病院につきそって行った。今日はおばあちゃんの座る席が無くて、困っていたら、さっと若い女の人が立って、その席に座らせてくれた。ぼくは恥ずかしくて〝ありがとう〟を声に出して言えなくて、その人に悪いことをしたと思う。ちゃんと声にして、言える大人になろう。」

彼は、元気なスポーツ少年で、なかなか合理的な考えも持っている。だから二の感想も彼らしいし、彼の一部とも言える。また三は、彼自身の実生活から発想した部分も多いことを感じさせる。杖のキライなおばあちゃんにつき添って時々脚のマッサージにも送り届けている。

子どもたちは多くの言葉を、体験を軸に展開する。それまで眠っていた体験が、あらためて言葉になったりするとき、驚くほど繊細な内容のものが現れる。

たとえば、一についても五年生の女の子で一歳の妹や三歳の弟のいる子などは「善いことをすると、気持ちはいいし、自分が少しがまんして、善いことをして頑張ると嬉しい。でも、やりすぎると悲しくなることもあるし、きずついたように感じることもある。どうしてだろう。」と、記す。

子どもたちは、とても深い感覚を抱いて生きている。

私自身の体験からも言えることだが、子どもは、その心持ち、その心理をピタリと言い当てる〝表現としての語彙《ごい》〟は、まだ獲得していないが、その感情自体は、大人と変わらないものを持っている。つまり感じ取っている。

たとえば、「うしろめたい」という表現は知らないまま「うしろめたさ」を抱く。罪悪感という語彙からは、まだ遠い所で、しっかりと罪悪感だって抱く。

だから大人たちは、決して子どもをあなどってはならないのだ。子どもだから分かるまいなどという気持ちで接してはいけないと思っている。

子どもたちは、さまざまな心もちを抱きつつ暮らしている。そして機会が与えられるとき、その、「いつかの心もち」を思い起こし、なんとか手もちの言い方、表現で、それを書いてみようと努力する。そして言語化された言葉による表現の力で「自分」を知り、「自分」に深く出会っていく。「いつかの心もち」をたぐり寄せて、「自分」に出会い直すのが、書くことの力だと言える。

虫食い落ち葉との会話

自宅の近くにある晩秋の公園や、並木道は私にとって大切な教材を集めるために忙しい場所となる。

毎年、春に美しい花で、みんなの心を和ませる桜の葉を一枚一枚大切に拾い集めて押し葉を作る。その公園や並木道の桜の葉には大・小の虫くいの跡が「お見事！」と思わせられるほど、鮮やかに残り、どの葉も、どの葉も一枚たりとて無傷のものはない。こんなに一心に、葉の上で食べることに夢中だった虫の姿にもつくづくと思いを馳せてしまう。

拾い集め、押し葉になった大・中・小の葉を携えて「寺子屋」へ出向くと、私は授業の前に、持参の葉の全てを取り出して広げ、子どもたちには、その中の一枚を好きに選んでもらう。

もう、ここから「書くこと」へのスタート位置が定まっていく。子どもは、たくさんの「同じような葉」の中から、決して「同じではない」一つの物を選ぶことに情熱を傾ける。（大人になると、「虫食いの落ち葉」は、皆、同じ虫食いの葉に過ぎなくなる。なんと残念なことか！）

子どもたちは、たくさんの葉の中から一枚を選ぶ行為の中で、それが「自分にとっての他とは違う特別な一枚」になる。それが大切なのだ。ただの落ち葉が「ボクの葉」「私の葉」になったところから課題に入る。

手許の一枚が、この姿になるまでの、花の頃からの思い出、忘れ難いことなどを、この葉の身になって書いてもらう。

この樹が立っていた場所の設定も忘れずに書き、この葉が眺めていた光景や、一枚の葉として味わった体験なども、想像して書いてもらう。書く時の唯一の課題は、この虫食いの、点々と付いた大・小の穴の状態を、自分だけの見方、感じ方で表現すること。

子どもたちは席に着いてからあらためて不規則な大・小の穴が思いっきり散りばめられた、自分の手の中の葉をしげしげと見つめる。裏に返し、表に戻して、それを振って見たり、額の辺りにかざして、下から覗《のぞ》くように眺めたりもする。

虫食いの穴だらけの、桜の葉はさぞ「落葉甲斐《おちばがい》」のある時間だろうと、私は毎年こうやってジッと子どもたちの視線に撫でられていく押し葉たちに思いを馳せてしまう。

均一ではない穴の大きさと形に、あらためて食い入るように注がれる子どもたちのまなざしは、美しい。尊い。

六年生の女の子は、無数に開いた穴を、こう書く。

「小さな苗木を四代前のおじいさんが植えてから、毎年毎年大きくなっていった樹は、この家で生まれ、育つ子どもたちを代々見つめてきて、いつからか、家族写真を撮るときは、みんな黙っていても、ごく自然にこの桜の樹の周りに立った。そしてこの春、みんなで一斉に咲かせた花は、特別なものだった。

今年の暮には、古くなったこの家を壊し、庭も整備して、別の人が三階建のマンションを建てることに決まってしまったから。ここの家族は、この土地を売って都会に引っ越すことにしたのだ。私たちは、夜になると寂しくて樹全体でシクシクと泣いた。」と書き涙の跡は、小さなシミを作って「葉が茶色に変わる頃には、そのシミが穴になった。」と。その穴について、こう書く。「穴からは、『思い出』が覗けた。雨が降ると穴はレンズになって、昔の小さかった子どもたちや、お嫁に行く日の、成長した女の子も映った。（後略）」と。

同じく六年生の男の子は、この葉の穴を、桜の葉につかまり、そこで少しずつ成長する小さな毛虫の坊やの、食事の痕跡とし、「となりの葉に移らないで、ずっとここにいて。食べていいから。くすぐったくてもガマンするから。」と、葉と虫との、友情のドラマに作り上げた。無数の穴の姿は、そのまま、葉の数だけの犠牲と忍耐の証として、桜の樹の葉が秋に一斉に掲げて風に振る「名誉の印」なのだ……というもの。「十分に花を咲かせ、虫も成長させたそれぞれの葉は、胸を張り誇りを持って、力いっぱい地面へと飛ぶ。」と書く。

この、穴の空いた木の葉は、適宜《てきぎ》用いてきた。必ず秋に使う教材というわけではない。「寺子屋」の教材として菓子の空箱に溜めこまれた押し葉は、必要な時に登場する。

たとえば、「寺子屋」にやってくる子が、担任が変わってから不登校気味だなどという子どもたちの生活背景を知るときこのような教材を、上手に用いることが、子どもの内面に、大きな働きかけになることがある。

苦しみが、すぐにゼロになったり、雲散霧消するということはなくとも、心の何か、思いのどこかが、ほんの少し整理される。

クラス替えがあり、大の仲良しの子がよそのクラスになり、以後、もと仲良しの子はどんどん友達を開拓し、自分は、なかなか周囲になじめず、気がつけば孤立感が強くなり、もと仲良しの子もどんどんよそよそしくなっていくみたいだ——と寂しさを募らせているという状況の女の子がいた。週の半分は「今日は休みたい。お腹が痛い」と母親に訴える小学四年生の、その子は毎朝、近くの母親の実家からお迎えに来る祖母に促《うなが》され、つき添われて登校しているというのが母親に聞いた日常である。

その子は、「寺子屋」に来て日が浅かったがこの教材に向かって原稿用紙三枚分も書いた。

桜は、学校の校庭の端に、大きく枝を広げているという想定だった。

「はじめは、みんな一緒に太陽の光を浴び、ワイワイと話をしたり、笑ったり、風が吹くと大騒ぎで揺れて遊んで楽しかったのに、気がつくと、一枚の葉だけは、いつのまにか他《ほか》の葉と一緒に、話をしたり、笑ったりしないで、じっとしています。よく見ると、この葉っぱだけ、他の葉たちより、ずっと穴の数が少なくて、他の葉たちは、色々な穴が大きいのや、小さいのやたくさん空いています。前に、一緒にいっぱい遊んだ仲良しの葉も、いつの間にか、穴だらけになっていました。

穴の少ないこの葉っぱは思いました。この穴の数は、季節が変わってからみんなが友達と話したり、遊んだり、笑ったり、歌ったりした回数なんだと。周りのみんなと仲良くできたら、神さまが、一つ、二つと穴を増やしてくれるのです。穴の少ない葉は思い出しました。季節が変わった後で、びっくりしている葉に、上の枝の葉や、下の枝の葉、同じ枝の先の方についている葉も、話しかけたり、揺れて体をぶつけて誘ってくれたりしたのにこの葉は恥ずかしいので返事もしないで、ただジッとしていたこと。葉は、この次に大きな風がやって来たり、強く雨が降ったら、きっと恥ずかしさも減るから、風や雨の力を借りて、周りの色々な葉と一緒に、揺れたり、笑ったりしてみよう、勇気を持とうと、決めました。この穴は、きっと目や耳や口なのです。たくさんの葉たちは、この穴から仲間の声を聞き自分でもいっぱい返事をするのです。そして一緒に、お互いの同じな姿を見るのです。そしてまた一緒に、同じように次の季節に向かうのです。（後略）」

この作文を書いた後、この子は、まだ私の机の上に出しっ放しだった蓋《ふた》の開いた押し葉の入った箱にチラリと目をやりながら「この葉っぱもらっていい？」と尋ねた。

「いいわよ。色々見て好きなのを持って行って。十枚でもいいわよ」と言うと「二枚でいい……」と、大きい、そして思いっきり穴だらけの葉を二枚、持ち帰った。

次に、この子の母親に会ったとき、彼女は目に一杯涙を溜めて言った。

「先生、私、あの作文読んで、あの子が自分のこと書いたんだと、分かりました。ちがいますか？」

そうだ、とかそうではないという答え方はしない。私が答えるのは、とても素直な心を持った子だということと、感じ取る力も考える力も大きい子だという、私自身の感想である。

自分の今の日常、自分の心の中に起こっていることを、なんとか知りたい、自分の状況を分かりたいという一生懸命な気持ちが書かせた一文だろう。

じっと葉を見つめているうちに、思いを巡らせたのだろう。最初彼女は穴の空いている部分が少ない葉を、そっと選んだ。葉も小さめだった。控え目な内気な子かしらと思って見ていた。

もしかしたら最初、穴だらけの無残な葉は、痛々しく映り、可哀相で手に取れなかったのかも知れない。

だが、そうだとしたら可哀相と映ったはずの穴が、見たり、聞いたり、話したりする目や耳や口だと見立てていくという、そんな心の変化が生じたのだということだろう。

「書く」という行為は、大人、子どもに関係なく、人を客観的にする。

「寺子屋」に来ている男の子で、六年生も後半そろそろ反抗期の片鱗が覗くという頃、母親にひどく叱られたことがあった。母親は、ついカッとしたとはいえ、口にしてはいけないことを口走ってしまった。

「あんたなんか、いらない。あんたがいなくなってくれたら、お母さんの毎日の、このイライラは解消する！」と、怒鳴ったそうだ。子どもは一言も口をきかず、布団に入ってしまい、翌日も言葉を発せず、朝食拒否で登校してしまったという電話がかかって来た。電話の最後は、オロオロした声で「あの子、机の抽出《ひきだ》しに、私を批判した作文を書いてぐしゃぐしゃにして隠してあるのを、さっき見つけてしまったんです……」とのこと。

早速に、その作文をＦＡＸしてもらった。

「あれでも親か。自分で生んでおきながら、自分の子どもを、いらないから、いなくなってくれと言った。あれでも親といえるか。許せない。宿題を一回サボったりときどき約束も守れない僕も悪いが、だからといって、いなくなれというのは、親の言葉ではない。絶対、許せない」

作文は、乱れた字で、まだ続いていたが、私は言った。

「彼は正しい、百パーセント正しく意見を述べてる」

そして続けた。

「大丈夫。今ごろ給食おかわりしてるから！　これだけ書けば、心も整理できて、スッキリしたはず。私は、壁に穴を開けず、親に暴力で訴えず原稿用紙に、思いをぶちまけた彼が嬉しい」と。

ちなみに、この少年は、この春大学生になり、親子で抱き合って合格を喜んだと報告があった。めでたし。めでたし。

吾輩は◯◯である

夏目漱石の、あまりにも有名な作品『吾輩は猫である』、このタイトルを真似て、子どもたちに自分が何かになったつもりで、その「何かの目」で「何かの心」で、書くことをやってもらう。

その時のタイトルについては「僕は（私は）◯◯です」と記してもいいし、「吾輩は◯◯である」とやっても良い。そしてタイトルに「です、ます」体の書き方を用いたら、本文もそのようにし、「である」体を使ったら、続けて本文も「である」「〜だ」体を——と決めた。

「僕は消しゴムです」「私は鉛筆です」「吾輩は時計である」「僕はバスケットボールです」「私は犬のペロです」「私はテレビです」……等々、たくさんのタイトルで作文が完成した。子どもたちは自分の生活を通し、身の周りにあって、日々よく馴染《なじ》んでいるものを書いていくせいか、なかなかリアルで感心する作文が揃う。感心とはつまり「よく見ている」ということだ。

五年生の女の子は消しゴムの立場になって嘆く。

「男の子たちには本当に困る。友達に『貸して』と言われると、やさしく手わたすといいのだが必ず放り投げる。これには困る。受けそこねて、教室の床に思いっきり背中をぶつけたときには泣いた……。」とか、テレビの身になった三年生の女の子は「こっちは、マジメにみんなの望み通りのチャンネルに次々と応えているのに、家族みんなで忙しくチャンネルを奪い合って、リモコンをカチャカチャやられると、参ってしまう。まったく疲れる。そうやって、こっちを働かせておいて、みんなして、ソファに寝転がったり、満足そうに、おかしを食べたり、私に向き合っているときの行儀の悪さといったら！」などと訴えている。中三の男の子で、バスケットボールが得意な頑張り屋の少年は、当然のようにしっかりとボールの身になって書いている。その〝身になり方〟もまた、当然のように細やかだ。四年生で「寺子屋」へ来て、部活の合間にやって来る彼は、

「普段の吾輩は服など着せてもらえないのだが他校に出かけるときは服を着せら

れ、まるで遠足気分になれる。」と書き「このときばかりはいつもより一生懸命ジャンプする。」と続ける。愉快な描写も忘れない。「吾輩にとっては空気がご飯なんだ。でも、最近みんな吾輩に空気を入れるのを、めんどうくさがって電動の空気入れを使うんだ。」と書き「そうすると、一気にご飯を食べることになるから、吐きそうになったりして、すごく辛いんだ。」と続ける。「ゲップが止まらなくなるんだ。だが、ゲップもボールを使ってる人間たちは聞こえないから吾輩の気持ちを分かってくれないんだ。吾輩たちは気分が悪くなって、はねにくくなる。すると人間は『はねないなあ』などと言い、また電動の空気入れで空気を入れる。すると吾輩たちは、また、はねにくくなる。いつもそのくり返しで、いつも満腹の状態なのだ。明日も明後日も、こんな日が続くのか……。」等々と訴え続ける。

この課題をやった後では、面白いことに、「である」体の文体にすっかり心を掴まれ、その後は、全て「である」「なのだ」と、力強く言い切る書き方、文体に凝《こ》った子が誕生した。

そして、なんと、書くこと、書きたい内容によって、文体を使い分けるようにな

った。たとえば、この授業の翌月には、四年生の女の子は、連休を利用し、出かけた遊園地でのことも、

「ゴールデンウィークとあって、やけに人が多い。早朝なのに、すでにどの乗り物の所にも人の列が続いている。待ち時間は、見た目より、はるかに長く、百分以上待ったと言えるだろう。それにくらべ、遊んだ時間は五分あるかないか、それほどだ。」といったように続く。リズミカルに一つの〝勢い〟が生まれている一文となった。それまでは「です、ます」体でしか作文を書かなかった子だった。本人に「である」体にした理由を尋ねると、「なんとなく、あの日のことは、こういう書き方にしたかった」と、はにかみながら言った。感覚的に、その方が休日の場の全体の様子が客観的に描かれ、そこでの自分の気持ちを、くっきりと書けると思ったらしい。

子どもは、「書く」という行為、それ自体を通し、その中から色々な〝発見〟を重ねていく。その成果と変化を見守っていくことが私の「寺子屋」での醍醐味《だいごみ》でもある。

第二章　南部煎餅を片手に

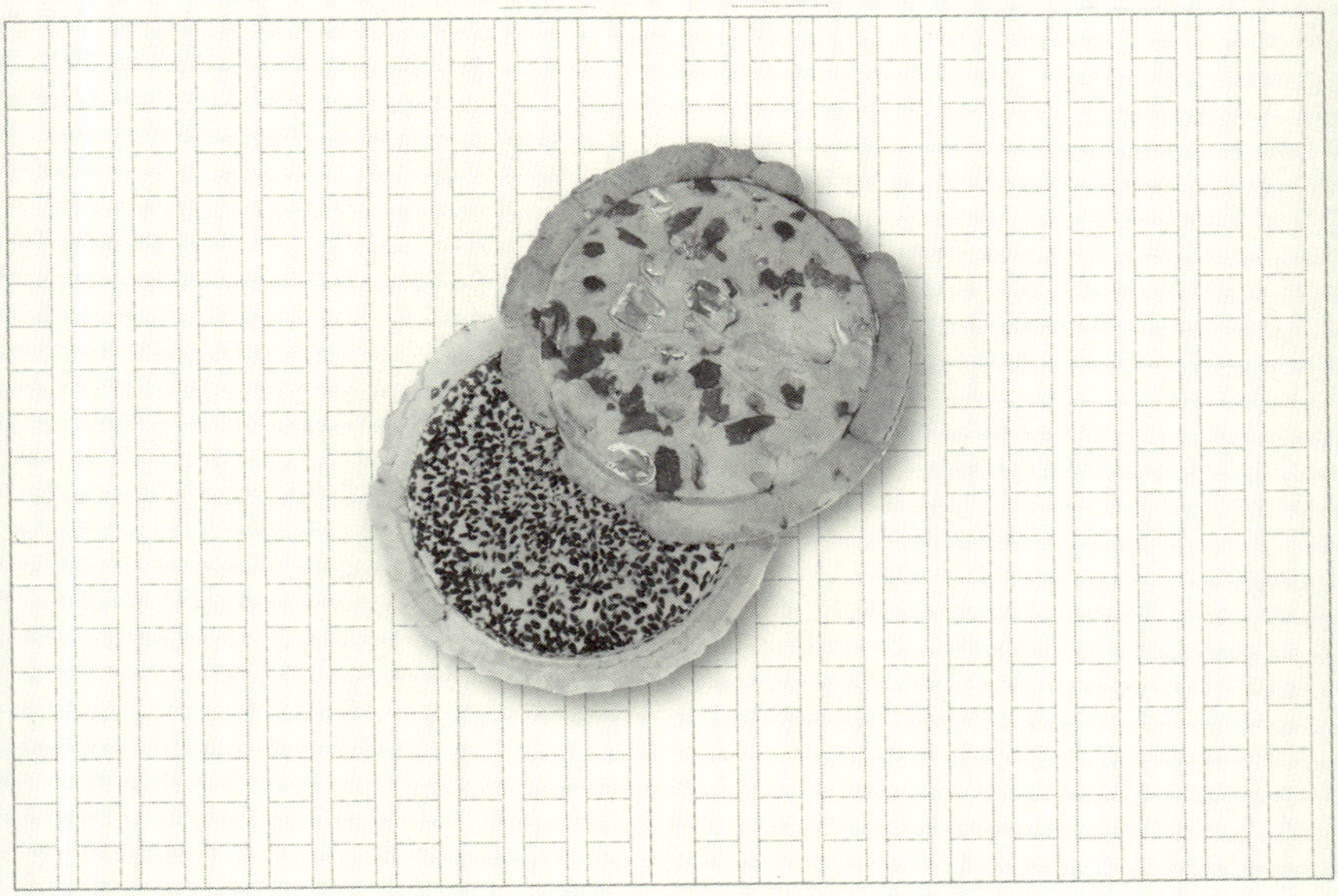

カギカッコ・感嘆符の有効利用

「書くこと」に、やたらと緊張し作文というだけで肩に力が入り、気持ちが「身構える」という子がいる。最初は、ほとんどがそうだ。

「寺子屋」にやって来る子の心を解《ほど》いていくための方法を幾つか書いてみる。

「タイトルに感嘆符を打つ」というもの。

「嬉しかった！」「腹が立った!!」「やったね!!!」という具合に、感嘆符は幾つ打ってもＯＫ。ただし、約束がある。感嘆符の数だけその数に見合う内容であること。

子どもたちの目が輝く。それから「何を書こう」と、ビックリマークの数に見合う自分の暮らしの中の思い出から、喜・怒・哀・楽を一生懸命に振り返る表情が真剣で可愛い。

「一気に大金持ち‼」「一気に大貧乏!!!」「やってられない長男!!!」「私の大活躍!!!!」等々のタイトルが並び、お年玉を親類の大人から次々と貰《もら》い、ついに今まで手にしたことのなかった十万円近い巨額を手にし大満足していた五年生の男の子。なんと、その全部を七草がゆを食べた日、「お正月はオシマイよ」と、お母さんに取り上げられてしまったという内容の作文を書き、ゲームを買う夢も、一瞬で消えたとのこと。お金は、彼が高校生になるまで、預かるという、お母さんの言葉には、タイトル部分の合計である五箇の感嘆符が付いて、文が終る。

　四人兄弟の長男の六年生の子は、自分はまるで、ずっと保育園の先生をやってきたみたいで疲れると書く。言うことをきかない。ワガママ。すぐ泣く。何を言ってるのか、意味が通じないと弟や妹たちへの不満たらたらの作文は、三つの感嘆符はむしろ控え目だと読んでいて思わせられた。

　この「タイトルに感嘆符」の授業の日、「寺子屋」に通って三回目の、四年生の女の子がやって来た。この子は、しっかり者の頑張り屋さんで、何にでもネを上げずに耐えぬくという持ち味の子だと、母親から最初に聞いていた。

この日、真っ先に原稿用紙に上体を傾けた彼女は、いきなり「もう、やっていられない!!!!」とタイトルに記した。

学級新聞を作り上げる予定だったのに、クラスの子たちの中に自分の担当の〝調べもの〟を忘れた子が三人もいて、記事が完成しなかったこと。その三人は、先週も忘れたこと。それなのに担任の先生は、そのことを、それほど気にしていない。彼女はそれをモーレツに怒っている。

「先生も先生だ。私に頼めば、なんでもうまくまとめてくれると思っている。正直いやになる。迷惑だ。もうやっていられない」と。

「寺子屋」の授業の終りに、娘を迎えに来た母親が、開口一番、私に尋《たず》ねた。

「今日、どんな課題だったんですか」

聞けば、下校し玄関のドアを開けた娘は、母親の目に、一瞬で「何かあったな……この子」と感じさせる表情を浮かべていたのだとか。それを問い質す前にバタバタと家を出て「寺子屋」へ来たのだとか。母親は「ああ、今夜は夕食が気が重い」と思いつつ迎えにやって来たのだと言う。

「ここへ来てみたら、あの子サッパリ、スッキリした顔で私にいつもの顔で笑いかけました」

たまたま、学校で不快だった時間と、そのときの心が、書いている間に整理され、収まっていったのだろう。

最初は、戸惑ったり、面喰らったりするような、この課題はしかし、子どもの心を一気に解放させる。

自分の心に素直になること、暮らしの体験の中に、探せば書くことの種はちゃんとあること。そして自分の感じる喜・怒・哀・楽が、あらためて言葉にしてみようとすれば、一つの作文になっていくこと。自分が気づかないまま、やり過ごして終っていた毎日の生活が、作文のテーマになったことの発見と驚き。無意識に見過ごしていた現象に、あらためて新しい目を得ていくとき、子どもは他でもなく自分というものを知る目を持つ。

書かなければ表れない。表れるから自分に気づく。気づくから自分が分かる。書くことは、子どもにとって、大人と同様に自分を見出し、確認することなのだ。

紙に文字を書きつけることは、だから自己確認行為そのものなのだということを、子どもは次第に知っていく。

感嘆符を付けるタイトルという作文の他に、私が子どもたちに、書くことが滑《なめ》らかにスタートする方法としてやっているのは、カギカッコを使って第一行目を始めてみようという提案だ。

カギカッコを冒頭に置くとは、誰かが口にした言葉から文が展開するということになる。

誰かが、何かを口にするという状況から入る文章とは、つまり「言葉」を他の誰かに向けて話す話し手本人がいて、その言葉を言う必要があるという状況が、言葉の背後や周囲にあるということだ。

つまり、いきなり第一行に、

「もう、我慢したくないな」という言葉（せりふ）をカギカッコで書いたとすると、その言葉を言ったのは誰なのか、また誰に向けて口にした（あるいは、心の中で呟《つぶや》いた）ものなのかを書く必要がある。そして、何を我慢したのか、どれ位の間我慢したのか、それはなぜかも、書かなくては一つの文が成り立っていかない。

家族とのこと、友達との出来事、を書きなさいと提案するときに「第一行は、誰かのせりふから始めましょう」と勧めると、子どもたちは、内容の広がりを作りやすい。

散文の場合、カギカッコは一つのリズムを生む効果があるがそれを理屈で説明しなくとも、子どもは書き進めながらしっかりそれを感覚で摑《つか》んでいく。

「いつまで、ぐずぐずしているの？　早く降りておいで」と、お姉ちゃんが、二階へ大声で叫んでいる。お姉ちゃんは、まるで僕がゲームを始めたのを、知っているように、いつも一番、夢中でのっ、ているときにばかり、僕に用事を言いつけ、あれこれ命令する。――と、ここまで書いた五年生の男の子は、その次に一行「ただいま」と書き、次にお母さんが仕事から帰ってきたという状況へと内容を移し、書いていく。

最初にカギカッコをもってくると、作文は案外書きやすいと知った子たちは、学校での「運動会」「遠足」「修学旅行」といった作文の宿題にも、見事にこの方法を使っていて母親たちから見せられた「学級だより」や「通信」に思わず笑ってしまった。それぞれに「よし！　今年こそ赤組が勝利だぞ」から始まっていたり、「あー。想像していたより、ずっとキツイ山道だ」の書き出しだったり、「うわぁ。なんてでっかい仏像なんだ」の、せりふの一言が生きる感想文ができ上がっていた。

子どもは気に入る方法は繰り返す。

四コマ漫画から散文へ

一人の子が、どれ位の語彙《ごい》を持っていて、事物や現象について、いかに詳しく説明し、描写できるかは、短い漫画などを使いコマごとの「一つの絵柄から次の絵柄へと進む状況」を、文章で表してみたり、その時の気持ちなどを書いてもらうと、よく摑める。

新聞の連載漫画などは、一回ごとのタイトルはない。私はまず、子どもたちに、その漫画の流れ・世界を表す象徴的なタイトルをつけてもらう。

たとえば、こんな漫画がある。「コボちゃん」（植田まさし作、読売新聞掲載）という既に連載一万回を超えたもので男の子と、その家族の日常をテーマにしているもの。「コボちゃん」という少年に、妹が生まれたことも、妹の名がミホちゃんということも連載中に描かれた。

ある日の漫画の一コマ目・生後数ヶ月という感じの、赤ちゃんのミホちゃんが和室の小さい布団の上で寝ている。ミホちゃんは赤ちゃん特有のふくよかな両手両足を動かしている絵に、吹き出しにはコボちゃんの「オー、手足《てあし》がよく動くようになったねー」の言葉がある。コボちゃんは、妹を覗《のぞ》きこんでいる。二コマ目はミホちゃんがいきなり片腕を上げ、その拍子にその手がコボちゃんの顔面を打つ。吹き出しは一言「い！」。三コマ目・コボちゃんが片手で鼻を押さえ顔を歪《ゆが》めて別室へ向かう絵。吹き出しには「あーん」と「顔を近づけすぎて鼻をぶたれちゃったよー」。四コマ目・テーブルに向かい、椅子に座ったおじいちゃんが、ハンカチ片手に涙に濡れた目でコボちゃんを見て「ワシャ目だよ」という言葉が、吹き出しに。

この漫画のタイトルが次々と上がる。

「強い妹」「顔面パンチ」「かなしい兄ちゃん」「狂暴ミホちゃん」「参ったな」「家族でガマン」「見ていただけなのに」等々。

この漫画のコマのどこかに子どもたちの手で何か一つ小さな絵を入れてもらう。何コマ目でもいいし、描《か》きこむのは何でもいい。そして必ず描きこんだ物に触れて、漫画を散文にしてもらう。与えられた四コマに、小さく「自分の意志の参加」

の素材があることで、子どもの〝漫画を散文化する行為に、広がりと工夫〟が生まれる。

一コマ目の、ミホちゃんの枕の脇に、人形の絵を入れた三年生の女の子は「目をさましたら、一緒に遊んであげようと、人形を用意して、コボちゃんはミホちゃんが目をさますのを待ちながら、かわいい顔をながめています。」という書き出しに。

中には、一コマ目の窓の絵に、細かな線をタテ、ヨコに引き、それを網戸と見たて、そのラインの上に、幾つか点々と、鉛筆で小さな丸を描き込み、「季節は今、産卵期で、網戸は卵が産みつけられています。」と書いた、虫採りが大好きな三年生の男の子。

面白かったのは、窓の外に、「雪だるま」を描いてしまった六年生の男の子。描いてから、「あっ！　ボールペンで絵を入れちゃった。消せない！」と声に出したとき。漫画の登場人物は、みんな半袖を着ている。彼の文は、

「コボちゃんはじめ、この一家は昔から風邪をひきやすかったのでミホちゃんが生まれたのを機会に、全員で〝冬でも半袖で頑張ろう〟と、まず皮ふから鍛える

生活を始めました。元気でまだ風邪ひとつひかないミホちゃんを、感心してのぞきこんでいるお兄ちゃんのコボちゃんは……」と、〝雪だるま〟の失敗をストーリーに取り込み、二、三、四とコマの変化を文章にし、この終りは、「ミホちゃんの手でなぐられてヒリヒリ痛む皮ふはちょっと弱すぎるのでミホちゃんが大きくなるまでなぐられつづけて、鍛えられるのもいいでしょう。」と、なっている。

四コマ漫画を使うと、「場面転換」の際の一言が大事なのだと、子どもたちは気づいていく。動かぬ絵に動きを足していく工夫についてあらためて知っていく。

コボちゃん以外にも漫画から呼び起こされる世界について書いてもらうことがある。

やはり、タイトルをつけるところから入ってもらうのだが、その漫画はこうだ。

一コマ目・小学校低学年ほどの男の子が道にバッタリ倒れ転んでいる絵と、それを振り返って見る前を歩く父親の姿。二コマ目で、道に伏せたまま泣く子の上から「甘ったれるんじゃない。」「自分でおきなさい！」との言葉を浴びせる父親の絵。三コマ目。駅の窓口で「もみじが丘」と行先を伝え切符を買っている父親と、その横に立つ男の子の絵。四コマ目。シートに座ったまま鼻からチョウチンで「ZZZ」と眠りこけている父を残し、男の子は席を立ち「甘ったれるんじゃない」「自分でおきなさい」というセリフを残し「もみじが丘ー」とアナウンスされる駅で、電車を降りていく後ろ姿の絵。漫画は、そこで終る。

子どもたちから出たタイトルは「どっちもどっち」「目には目を」「仕返し」「冷たい親子」「やったね！」「かなしい家族」「困った関係」「似た者同士」「救われない！」等々だ。

子どもたちの書きぶりで面白いのは、中に、こんなイジワルで厳しい調子の父親を、どこかで何かと理由をつけて辻褄《つじつま》を合わせ、本当は優しい父という設定にしたいのか「朝、少しビールを飲んで酔っ払っていた」と書いたりしている。

読み聞かせで考える幸せのなかみ

私が子どもたちに朗読する本がある。

オスカー・ワイルドの「幸せの王子」だ。訳者によって、細かい描写、筋立ても微妙に違うが、私は訳者の異なるこの本を全部読み較べてみて、小さい学年の子でも、耳から聞いたとき、その様子が分かる言葉づかいのものを選んだ。だが「絵本」ではなく、絵は挿画が、せいぜい二～三箇所の「読みもの」となっているものだ。

「幸せの王子」は、この九年間私の朗読に触れるまで小学生も中学生も誰も事前に、この物語を知らなかった。

たった一人、四年生の男の子が「知ってる！　漫画に出てきた。クレヨンしんちゃんに出てた」とのこと。

この物語は、体を金箔《きんぱく》で覆われ目にはサファイアがはめこまれ、手にした剣の柄《つか》には、大きいルビーが飾られた立派な王子様の像と一羽のつばめとの話である。

高い円柱の台の上に立つ、その王子の目には、生前は城の中では知ることのなかった町の中の貧しい人たちの、日々の暮らしに困窮《こんきゅう》する様子が映る。一羽のつばめが暖い国に移って行く旅の途中で、この王子の像の足許に一夜の宿を借りようと羽を休める。これが王子の像とつばめの友情が生まれたきっかけ。王子に求められるまま、つばめは貧しい人たちに、王子の目のサファイア、剣のルビー、そして体を包んでいる金箔も全て剝《は》いで届ける。つばめは暖い国へ渡るのを止め、ずっと王子の側にいて死ぬ。みすぼらしくなった王子の像を見上げ、町の議員たちは、つばめの死骸と一緒に捨ててしまい溶鉱炉にくべる。天の神さまが天使に命じる。「この町で、一番尊い物を持ってきなさい」と。天使が運んできたのはつばめと、炉に入れても溶けなかった王子の鉛の心臓の二つだったというストーリーだ。

これを朗読すると、みんな一様に神妙な顔つきになるが、読み上げる前に、「漫画の中に出てきたから知ってる！」と言っていた男の子が、「そうか。こういう話だったのか」と、呟きながら、遠くに思いを馳せるように、じっと視線を上にしていた姿が忘れられない。
彼の口からは、教室を出る間に「こんな話だったのかァ」が幾度か出たが、その言葉に物語を丸ごと味わうのと、一部引用されて知るということの、意味合いについて、彼なりのなんらかの発見があったのを感じた。知らないより知っている方がいい。そして〝本当に知る〟ということが、自分で直接に、そのものに触れることだと分かる日が来ると思う。

さて、私が「幸せの王子」について書いてもらうのは、単なる「読後感」「感想文」ではない。

この本のタイトルが日本語訳で「幸せな王子」と「幸せの王子」と二通りあることを伝え、どっちにしても、この王子は「幸せ」という文字を冠せられているが、〝なぜ幸せなのか〟という点を、その理由を述べ、もしかしたら「幸せではなかった王子」というタイトルでもいいと思ったら、そこを理由と共に、それぞれ考えて書くというもの。

子どもたちが書き上げたものを紹介したい。

「やっぱり、この王子は幸せだと思います。第一に、この王子は死んで銅像になって、それから、生きている間は、貧しい人の苦しさなど知らないで過ぎたのが、銅像の置かれた場所から、はじめて色々な人のようすが見られるようになったことです。この王子は若いまま死んでかわいそうでしたが、世の中のことを知らないで永生きするより、若く死んでも、世の中のことが色々分かって人助けができたことは良いことです。」と、客観的に〝知らない〟ということと〝知った〟ということを比較して、そこに焦点を当てている。六年生の男の子だ。また、二年生の男の子は、私が読んで驚くような書き出しで文を綴《つづ》った。

「僕は、幸せということは、自分のきもちが分かってもらえることだと思います。自分のきもちが相手にちゃんと伝わって、それを分かってもらうことが、一番の幸せと思います。王子さまには、旅に出るのも取りやめにして、自分のきもちを分かってくれた友達のつばめがいました。僕ならサファイアは片方の目だけにして、片方はのこしておきたくなるかもしれません。でも、僕のようなきもちなら、最後に神さまが尊いものを選べと言ったとき、天使は選んでくれないと思います。」

そんな風に書き出した彼の作文の終りには、こう記されていた。

「僕が泣きそうになったこのお話は、みんなに知ってもらいたいです。学校の国語の時間に、みんなで読むのがよいと思います。」

彼の母親は保育士さんだ。仕事の終った後で、バタバタと彼を迎えに来る。この日、息子の書いた作文を見て「凄いこと書いていますね。人間の幸せについて、ちゃんと考えを持っていたんですね」と言い、それから、「一日の仕事の疲れがフッ飛びます。また明日から頑張って働けます！」と言った。

子どもたちは朗読を聞きながら、その時々に自分の心に起きる思いを中心にこの作文を書き起こしていた。

五年生の女の子は、こんな視点で書いていた。

「金箔も落ち、ルビーもサファイアも無くなってみすぼらしくなった王子の像を、何人かの町の議員が汚ないからすぐに円柱から引きずり下ろして捨てるというのは、本当に許せないと思います。町民の人たちに、どうしたら良いかを相談すべきでした。そうすれば、もう一度、金箔を張り直すとか、王子の像が、再び輝く方法を、考えられたかも知れません。そうすれば、王子はもっと、もっと幸せになり、つばめも、旅をとりやめても役に立った自分を喜べたはずです。王子のやさしい気持ちもつばめの友情も、ステキだけれど、私ならこの物語のタイトルは〝もっと幸せになれたはずの王子〟としたいです。」

町会議員のやり方が、この子の心に何よりも強く刻印された感想だ。

そして、四年生の女の子は、どんなに良い考えも立派な思いつきも、それを一緒に実行、実現してくれる相手がいてこそだと強調する。

「動けない王子には羽を持ちどこへでも飛んで行けるつばめがいました。それはとても幸せなことです。そしてお互いを大事に思える心がありました。それは、何よりも幸せだと思います。びんぼうな人を助けてあげて、それを王子に報告するつばめの心も幸せだったでしょう。目的がかなったのを聞ける王子も、本当に幸せだったでしょう。お互いが幸せだったから、王子はボロボロの姿になるまで、つばめは、弱ってしまうまで町の人を助けられたのだと思います。」と、〝幸せさがし〟の視点を貫いて書く。

子どもたちの中に、自分が犠牲を払っても、人を救いたいという、その気持ちを持てることが、もう幸せなのだと、そう書く子もいた。

私がオスカー・ワイルドのこの物語に初めて触れたのは、六、七歳の頃だ。「フランダースの犬」と、この「幸せの王子」は小さな私に「理不尽」という言葉に象徴される原初的な感情を据《す》えた最初の物語だ。「どうして？」という割り切れない悲しさを石ころのように心に残した物語だ。あまりに切なくて、晩ごはんを食べずに泣いたものだった。もう少し大きくなって、十歳で読んだ「人魚姫」の読後にその頃の気持ちが、ありありと蘇《よみがえ》ったものだ。

この課題の後に「この本貸して」という子や、子どもに買ってほしいとせがまれたからとタイトルを確認してくる親もいる。

親たちが一様に口にする言葉は、

「まだまだコドモだと思って見ていた自分の子が、色々な考えを持ち、色々な言葉に反応する心も持ち、親が考えるより、ずっとオトナなのかもしれないと、思わせられる」というものだ。

南部煎餅を片手に

子どもたちには、自分の五感を何よりも大切にして表現することを言ってきた。

みんなに「寺子屋」にお手拭きと、お茶を持参させる日がある。

一枚のお煎餅《せんべい》を食べ終えるまで、味はもちろん、音や口内の感触、匂いなど丁寧に描写しつつ書いてもらう。

片手に南部煎餅を持ち、もう一方の手は、原稿用紙に鉛筆を走らせ、一口ごとの食中ドキュメントを綴るのだ。

毎年、南部煎餅を素材に選ぶのは、現代の子どもたちが日頃おやつで口にしているだろうクッキーやケーキなどの、甘さのきわだった、歯を立てると、ほろりと崩れるバターなどがたっぷりと使われた物を避けたいからだ。

明治、大正の頃からおやつとして子どもたちが口にしていた味を「寺子屋」の子に味わわせ、それを言葉にしてもらいたいというわけだ。

いつもゴマを散らせたものとピーナツの入ったものの二種を用意し、味わいつつ書いてもらう。その一部分を紹介したい。

「初めて食べるのに、なんだかなつかしい感じがするのはどうしてだ？　東京生まれ、東京育ちの僕なのに、どうしてなのか、田舎のおばあちゃんの家で食べてる気がする味だ。もちろん、田舎もないし、そこに祖父母もいないし、みんな東京にいるのに。」という感想を食レポの、締《し》め括《くく》りに書いた六年生の男の子は「一枚食べ終えるまでに、お煎餅の縁の耳と呼ぶ部分をかじったときと、いよいよ本体の方をかじったときでは、別々の歯ごたえ、別々の音がして面白い。」と途中経過を記す。

五年生の男の子は、

「前歯をつき立てて、嚙《か》むと、びっくりするほど、煎餅の方にも力があって、嚙む僕の歯を、押し返してくるようです。びっくりしながら一口目を少し嚙んでいると、すぐにピーナツの匂いが口から鼻へツーンと上がってきます。」と書く。

三年生の女の子は、

「このお煎餅は、バリンとか、バリッとか、ポリッとか、色々な音が耳に響きます。ポリッは、ピーナツを噛むときです。これは、甘すぎないおやつで、一枚食べたらおなか一杯になりそうです。食べているうちに、口の中の水分が、どんどんなくなります。食べ終った今の一番の気持ちは、お茶がほしい！　です。」

二年生の女の子は、初めて口にするこの一枚に、「今」とは違う味わいから、色々なことを思ったらしく、

「一くち食べて粉を水でといて固めただけのおせんべいだと、思いました。そしてゴマもピーナツも、とてもおいしくてびっくりしました。むかしの人は、粉と水をまぜて固めてみてあまりにもおいしくなくて、もっとおいしくしたいと、いろいろかんがえくふうして、いろんなものを入れてみたり、まぜてみたとおもいます。私は、むかしの人が、なかなかがんばっていたことを、えらいし、すごいとかんじました。ピーナツやゴマは、くさったり、わるくなったりしないから、ずっと続いてきたと思います。たべていてクッキーよりもあきないおかしです。ピーナツもゴマも、うれしいにちがいありません。」

五年生の女の子は、

「まず、帽子のつばみたいなお煎餅の耳を、全部、食べてみました。お煎餅をくるくると周しながら、少しずつ耳を嚙んでいきました。こんな食べ方をするおやつは、初めてでした。何の味もしなくて、粉の匂いだけでした。耳を食べ終えてから一口かじると、お煎餅の小さいかけらでゴマの匂いがぐんぐん広がり、まったく関係のないことばが浮かんできました。『故郷』ということばは、このお煎餅を食べているとき、ずっと感じました。実際は、岐阜の、お父さんやお母さんが生まれた田舎へ出かけて、このお煎餅を食べたことは一度もありません。でも『故郷』とかテレビで見た『いろり』とかが浮かぶような味がしました。私はこのお煎餅が、とても好きです。こんど、お母さんに言って、おやつにリクエストをします。」

子どもたちからの感想を一つ一つ教室で読み上げると、食べ終えるまでの短い時間の中で、一人ひとりが抱いたさまざまの感じ方、それ自体に、みんな素直に驚く。

小さい学年の子が、単調な味をもっと美味しくしたくて、色々と工夫したに違いないと思う感じ方などは、五・六年生の子たちから、「すんげェ！」などと、その発想に感嘆の一声が上がったりもする。

一枚のお煎餅に、一人ひとりが抱く別々の感想を知ること、互いに「善し」「悪し」を超えて、「そのように感じた」ということ、それ自体を大事にし合う。

この教材を扱《あつか》ったとき、一人の子が、まず煎餅の上に浮かぶ「南部煎餅」の文字に注目し、「これ、何かしら」と問いかけたことがある。そして「南部」と呼ばれる地方や南部鉄、南部暦にも触れて、少し説明すると、この子は「一枚食べさせるごとに、こうやってPRしていたんだァ！」と心から驚いたように、その浮き上がった文字を、まじまじと見つめ直した。

「寺子屋」で「今日は何をするの？」と聞く子たちにとっては、連絡係のお母さんが、事前に「お手拭きと、お茶を」とみんなに告げると、教室で、私と顔を合わせた途端、

「今日は、何かを食べさせるんでしょ？　なに食べるの？」と、尋ねてくる。「あとからの、お楽しみ」と答えながら、私自身がこうした教材を、楽しんでいる。

パリに住んでいた頃、子どもたちの通う公立の小学校で、教師たちが授業に用いる教材が先生自身の手で選ばれていたこと、何を教えるかに一定の目的はあっても、どう教えるかの方法論が、教師の裁量に委《ゆだ》ねられていたのを日頃からとても良いことだと感じていた。

当時、小学三年の長男が宿題で入浴中も食事中も暗記のため口にしていたのは、ヴェルレーヌの詩だった。私が高校生の頃、リズムの美しさと、静謐《せいひつ》な世界に心魅《ひ》かれた、上田敏訳で有名な「落葉《らくよう》」の詩、

秋の日の／ヴィオロンの／ためいきの／身にしみて／ひたぶるに／うら悲し。(6)

という、それだった。私はそのときに仏語で、初めて耳にする（それも小三の息子の声で）、

レ・サングロ・ロン／デ・ヴィオロン／ドゥ・ロトンヌ／ブレス・モン・クール／デュヌ・ロンガァ／モノトーヌ……という言葉はこれまた、何とも美しく感じ

た。「韻」について、小さい子の感性にスッと入り、短いが耳に永く残るために先生は、この教材を選んだのだろうかと思った。子どもに、いきなり本物を与える教育は良い。教師の愛を、そこに感じる。

教える側に、まず教材への「これを用いたい」という情熱・熱意がなくては、子どもに伝わらない。本当の情熱や愛はたとえ、そのときは分からなくとも、時間《とき》を経て必ず子どもに伝わり、何かの形で心のどこかに残っていく。

日本語の言葉さがし

物事には、多様な表し方があり、それとは逆に、これとしか言いようがないというピタリとくる、一つだけの言い方がある。

子どもたちに、人や物や状況、様態を言うのでも、それに相応《ふさわ》しい表し方があるのだということを知ってほしいとき、私は写真や絵画などをよく使ってきた。

たとえば写真集などを繰っていると、おそらく老人施設などの一コマだろうが、一つの窓から一斉に、四、五人の老婆たちが、外を見ている光景を撮ったものがある。また、小さい子が葉の上のテントウ虫を、食い入るように見つめているショットがあり、公園ですべり台の階段を懸命に昇っている幼児を、近くのベンチに掛けて見ている母親の姿が写っているものがある。授業ではこうした作品を何点も用意してみる。

課題に入る前に、それらの写真や絵画に共通するテーマというものを、ざっくりと摑んでもらう。

子どもたちは、「みんな、何かを見てる」ということに気づいていき、そして「見る」「見ている」へと焦点が定まっていく。

それからが本番。

「見る」という言葉について、この動詞を中心にその表現の周辺、「見る」行為にまつわる「言い方」「表し方」のさまざまを知っている限り出してもらう。

「見つめる」「目をこらす」「見すごす」「のぞき見る」「盗み見る」「見落とす」「見放す」「見守る」「見届ける」「にらむ」「見渡す」「見張る」「見返す」「見すえる」「見破る」「見くらべる」「見逃す」「眺める」「見かける」……。

行為、行動にピタリとくる言い方があるということ、書く時にはそれを的確に用いることが表現として他人《ひと》に伝えたい内容がきちんと伝わるのだと知ってもらう。今、子どもたちは、多様な言い回しが、自分たちの話す「日本語」にあることをあまりにも知らない。家庭でも日常の生活の中で、食卓でも、風呂場でもいいがクイズ感覚で遊びの延長の会話として楽しみながら、「表情」「様子」「仕草」

など的確に表す日本語の「言葉さがし」などもしてみれば子どもは、より楽に億劫《おっくう》がらずに「書く」という行為に向かえると思うのだが。

さまざまな表現の中から、ピタリとくる言い方（書き方）を選ぶ総まとめの一文を書いてもらう。

何枚も見てもらった写真や絵画を二枚、あるいは三枚組み合わせて、それをあたかも一つのストーリーの中の挿画のように扱い、文章で表現を的確に使う点に気を配りながら一つの世界を描くという実作だ。

すると、こんな文が生まれる。五年生の男の子である。選んだのは、老人施設の窓辺の老婆たちの写真と、一斉に何かを見上げている少年、少女の顔を、カメラが真上の位置から俯瞰《ふかん》で捉《とら》えている別の写真。これらを組み合わせていた。

「社会科の授業で、公園の上の丘にある老人ホームのおとしよりにクラスで手紙を書きました。おばあちゃんの一人が、自分の小さい時に植えた桜の木が、今はちょうど公園の外の、老人ホームの窓の側に、大きく育っていると、手紙の返事がきました。子どもたちは四月の最後の日曜日に、その桜の木を見に出かけると、おばあちゃんにハガキを出しました。

その日、おばあちゃんは、朝早くから窓の外を眺め、それから窓の下を見つめ、ときどき雨は降らないかと心配しながら、空を見上げ、そしてまた、窓の下に目をこらしました。子どもたちは、何人かで待ち合わせ、遅れてくる子はいないか、あちこち見回しながら、遅れる子の姿を見落とさないよう、目配りをしっかりして桜の木を目がけて、丘の方のホームの近くへ、目をこらし、歩きました。」（後略）

「見る」という言葉の展開が、しっかりなされている。

「見る」という言葉の周辺の表現については、「凝視」や「目を凝《こ》らす」という言い方や動作はイメージせず「ガン見」で済ませてしまう子もいる。大人たちは、子どもの言葉の用い方に、日頃から敏感になりたい。

見る、聞く、話す、味わう、触れるといった人間の五感に訴える言葉や、その周辺の表現についても、こうして、あれこれ拾い出して使う方法を生かせる授業を進めてきた。

新聞や折り込みチラシを楽しむ

子どもたちが大いに興奮し、俗に言う「ノリノリ」状態になるのが、新聞を教材にしたり、折り込みのチラシを利用しての授業。

まず、新聞。今の時代は新聞自体を購読している家庭は激減した。

だから、これを教材に使う時は折り込みチラシと同様一ヶ月分の新聞をキャリーバッグなどで「寺子屋」へ運ぶ。

この授業で子どもたちは「いつ、どこで、誰が……」という所謂《いわゆる》〝5W1H〟というものを作業の中で、書きながら知っていく。

この授業の進め方だが、初めに現実の社会面の記事を次々に読んで聞かせる。

地方の小さい都市で起きる空巣、交通事故、交通違反などといった、毎日のようにどこかで生まれているニュースとなる出来事を読む。

殺人事件などといったものは取りあげない。

それからみんなに、私が持参した新聞を広げて、一部でも三部でも、気になる写真や、使ってみたいと心が動く写真などが載っているものを中心に好きに選んでもらう。

子どもたちは、見ていると口々に、

「あ、その船の写真の載ったの、ボクにちょうだい」だの「自衛隊の人が並んでるのをこっちに」とか「マンションが映ってるそれ、私に」などとワイワイとやる。

課題は、「事件」という出来事を自分の手で作り、記事にすること。

いつ、どこで、何があったのか、誰が、どんな目に遭い、原因があれば、それは何なのか、なぜそんなことになったのかも、考えられる範囲で詳しく書いてみる。

条件は一つ。人が死んだとか、殺されたとか人の生命に関わる残酷で悲しい出来事は避けること。怪我をしたと書きたい理由があるときはせいぜい二週間で治る切り傷程度にすることと決める。

この日は、人数分の糊《のり》とハサミを持参し、子どもたちは一人ひとり、それを手にしている。新聞紙からハサミで切り取るのは現象や物の写真だけではなく、人物写真も入る。老若男女を問わず、子どもたちは、自分たちの想定した事件・出来事を、臨場感と説得力で満たす表情の、人間や状況を表す写真を、一心に選ぶ。人の写真も、個人の正面からの顔写真や集団で何かやっている写真、動きのあるものや静止したものなど色々選ぶ。

原稿用紙に文字を書きつけながら、子どもたちは、文の進行に合わせ、適宜《てきぎ》切り抜いた写真に番号を付して、文の横に（近くに）貼っていく。

時には、子どもたちの書く、実際にはあり得ないような出来事も、現実に新聞に掲載されていた写真をはめこみ、別に切り取られた写真をそれらしく上手に組み合わせることで、とんでもない世界が立ち上がる。

新聞には、映画の宣伝広告の写真もあるし、建築関連会社の写真もある。観光会社の旅行案内の商品告知には異国の風景写真なども載っている。

「これ、面白そう」「こっちも使えそう」と、一人ひとりが次第に自分だけの世界に入りこんでいき、教室が静かになる。

いつも感じるのだが、子どもたちは、本当に自分たちの好きなように、思った通りに自由に何かをするのが好きだ。

基本的に最初から型にはめられたり押し着せのものに自分を合わせていくことを好まない。

ものによっては、学ぶということの周辺には「基礎が大事」というのは鉄則だし、特に私自身の趣味などを通しても、「道」の文字の付くもの「華道」とか「茶道」など、あるいは「武道」全般についても基本を身につけておくことははずせない。

だがそれにしたところで一番はじめにやった人は、型などでなく、ただ、そうすることが楽しかったのだと思う。型、形は、後ででき上がったのだから。

子どもが自分たちで特に意識しないうちに、身につけてしまっている「言葉」については、話すこと、聞くこと、読み、書くこと、全てひっくるめて「理屈」「論理」からスタートさせることを、私は好まない。人によっては、5W1Hにしても、まず理屈を説いてからという立場で、子どもを導く方法を選ぶ大人もいると思う。しかし、物事について実際の暮らしなどを通し、やがて子どもが身につけていく「道理」など最初から難しく、もって回った言い方で説くと、子どもは緊張を強《し》いられ、身構えてしまう。母親たちの「育児」と一緒で、難しく説かれて向き合うと、そのことについて肩に力が入り、何よりも楽しめない。

子どもには、書くことを楽しく学んでほしい。そして知らず知らずのうちに、「楽しんでいる間に、身についていた。できていた」という学びをしてほしいと、いつも思う。

新聞というものの役割、機能については幾つも幾つも、記載されている記事を読み上げてやることで、子どもたちは、各々に把握していく。「いつ、どこで、誰が、何をして、何がどうなったか、それはなぜか」など話の筋道を通して、そして物事を明らかにしていく手順について摑んでいく。六年生の男の子は、

「五月十九日、午後一時から始まった国会では」と記し、写真は、国会で審議中の議員たちのものを添付し、続けて「小学校や中学校では、テストはすべて廃止してはどうかという件を話し合い、この日は五時間経っても、結論は出なかった。国会議事堂の前には、多くの小・中学の子ども会の代表が北海道から沖縄まで全

国から集まり、テストを全面的に止め元気に体力作りするのが一番いいと、体力作りの成果を披露した。」と書く。(国会議事堂の写真を貼り、その写真に合わせ、運動会の組体操をする子どもたちや大縄跳びをする子たちの集団写真を組み合わせて貼っている。)そして「この審議は明日も続く」と報じた(?)後は、この議題について「最近は、学校以外で、塾や習いごとが多すぎるから、もう学校のテストは全面的に止めてしまおうという意見の若い議員たちから出たものであり、彼らの人気は急上昇だ。」と記して終るのだが、記事には背広姿で、肩を組み笑っている男性数人の写真がある。若い議員たちを想起させるこの写真は、デパートのリクルートスーツの広告から切り取っている。

紹介しきれないが、子どもたちが、この授業に入るとき、「新聞」の名を右端に大きく書いてもらうことにしている。自分の名の「吉田新聞」「山本新聞」から「ありえない新聞」「お楽しみ新聞」「てんこ盛り新聞」など思い思いのネーミングを冠している。面白かったのは四年生の女の子の妹で一年生の子が、教室に母親と一緒にやって来ていてお姉ちゃんの授業を見ているうちに自分も新聞を切り取り、マネをして「やってみたい」と言う。

団地の並ぶ写真を切り取り（古い団地がリノベーションで、再び人気が出ているという記事に使われていたものである）次に、犬の写真を使い（ペットブームを伝える記事からのもの）、それからデパートの広告から、ハンドバッグや靴、スーツ上下など女性の衣類の写真を丁寧に一点ずつ切りぬき、お姉ちゃんから貰った原稿用紙に、大きな平仮名で、

「きのう、たま川のすぐちかくのだんちの3がいの、いちばんはじっこのいえに、ひっこしてきたばかりのおねえさんが、かわいいいぬをみせにきたともだちと、たま川のそばをさんぽしにいって、2じごろいえにかえるとあきすがはいって、ようふくや、ハンドバッグやくつがぬすまれました。かぎをかけわすれてさんぽにいったのです。おねえさんは、ひっこしのおいわいに、おかあさんからもらったバッグだけは、かえしてほしいと、ないていました。おねえさんは23さいで、あきすにはいられたのは、はじめてです。はんにんは、まだみつかっていません。」

私は、原稿用紙の右肩に「一〇〇てん」と朱筆して、返した。

余談だが「寺子屋」にやって来る兄姉につき添う母親と共に訪れる妹、弟たちは、みんな眺めているうちに、作文を書く真似をしたがる。まだ文字を書けない年齢の幼稚園に入ったばかりなどという子は原稿用紙のマス目に渦巻模様のような形の連続模様や数字の6の字を繰り返して線画のようなものを書き込んで私に見せる。「よくできました」の文字と共に、いつも「一〇〇てん」と記して返すと、みんな本当に得意気な表情になり嬉しそうだ。紙に字を書くという行為は、小さい子にとって、なにかとても大人びたステキなことに見えるようだ。

新聞の折り込み広告を使う授業も、教室が一段と賑やかになり、子どもたちは喜びつつ真剣になる。

スーパーマーケットの広告や、眼鏡、自転車、スポーツ用品などの専門店のチラシ、寿司店や中華料理店といった食べもの屋の各種のチラシ等々。

私の課題は一つ。本当にそこへ足を運んでみたくなるような宣伝文。行ってみたら買いたくなるに違いない商品の説明文。他の店と、どこが違うか、自分の店の商品の特殊性などを書きこんでいる点等々を、しっかり頭に置いて書くということと。

そして、タイトルはもちろん、それはキャッチ・コピーとなるものでもあり工夫をすること。名前の部分をいつものような学年は不用とし、宣伝マンのつもりで、名前の前には役職名や立場を明記すること。

子どもたちの名前の前に記した立場、役職について記してみると、「スーパーヤマモト、PR総括部長」「仏具店・盆と彼岸の友、宣伝部長」「回転寿司・満腹・店長」「おもちゃ専門店・こどものみかた・販売課長」「食堂・和食一番・開発部長」等々と、年齢なりに知恵を絞り頑張っている。

六年生の男の子の、この日書いた一文の、その奇抜な発想力を彼の父親が大絶讃し、食卓が盛り上がったというのがこれ。

「開店五十年を迎えた当仏具店では、この夏、お盆の期間中に、仏壇を求めた方に、特別サービスで定価の五十%引きを実現します。また、当店のオリジナル限定サービスとして、お買い求めの仏壇から、ご先祖の声が聞こえたり、時には生前の姿が現れたりしたご家庭には、当店から無料で、先祖供養のお経の出張サービスを致します。遠慮なくお気軽にお申しつけ下さい。」

この子は「寺子屋」に来た当時から、飄々《ひょうひょう》とした味わいのある点が、先での伸びしろを感じさせた。理数科が得意だと言っていた彼は今年、現役で薬科大学へ入学したが彼の柔《やわ》らかい頭は、将来の進む道を、より豊かなものにすると思う。

そして、三年生の女の子は、こんな文を書いた。

「みなさん、最近、目は健康ですか。〝見えるショップ・めがね店〟は、一ヶ月の間だけ、どこにも売っていない、そう簡たんには手に入らないにじ色めがねを開発し売ります。めがねのフレームはにじ色。レンズは、うすいピンク色。ちょっと見るとふつうですが、すごいところは、ろう眼や近眼の人も、かんけい無く、な・な・な・なんと未来が見える！　のです。しかも、良いことだけが。一ヶ月の間にお買い求めくだされば、あなたの未来は、すばらしいものになるはずです。お店で待っています。新商品開発係長。」

そして、四年生の男の子。元気一杯のスポーツ少年の代表のような子だ。

「まぐろ、あなご、イカやタコ。みんなの知っている寿司ネタに、もう飽きていませんか。〝発てん寿司〟促進部長は、自分で北へ南へと珍しい魚を探し、実際に漁に出かけ、五年かかって新しい寿司ネタを次々に発見しました。発てん寿司は発見寿司。すぐにでも、美味しく珍しい寿司に会いに来てください。」

一つ一つ書き出せば、それぞれの子の、それぞれの工夫と一生懸命さが浮き上がる。

描写と表現の具体性の大切さ

「描写する」ということについては、「描は絵を描《か》くときに用いる文字。写は写真に撮るときに使う文字。目の前の光景や様子を、絵に描くように、カメラで写真を撮るように、文字で描き写すことが描写」と、そんな風に説明してきた。

ある日は、そのとき私が身につけていた衣類を含め、子どもたちの目の前に立つ私の姿を見たままに「描写」してもらう。

「その女は……」という書き出しで、より細かにより正確に、詳しく描写しなくてはならないという条件つき。指名手配の女について見たままを伝える努力をするつもりで——と伝える。

同じ一人の人間への描写の仕方に、くっきりと差が出る。同じ四年生の男の子と女の子で、どんな風に違うのかを紹介すると、

「その女は、身長、百六十センチくらい。髪は長い。白と黒の模様のシャツに黒

の上着を着て、灰色のズボンに黒の革靴で立っていた。」（男の子）。
「その女は、年齢は六十歳とか七十歳という感じ。たぶんその中間ぐらい。服装は地味。黒い上着の中は、白地に黒い線で描いたバラの花のような模様の入ったブラウスを着ている。そのバラの花は、幼稚園に入ったぐらいの、小さい子がマジックでイタズラ描きしたような、ぐしゃぐしゃの絵で、バラに似た別の花かもしれない。灰色のズボンに黒の革靴で、かかとの高さは五センチくらい。耳には、大豆くらいの大きさの赤いイヤリングをしていて、そのイヤリングは、この女が動くとプラプラと揺れる形のもの。髪の毛は、後ろで一本の三つあみにしていて、それを頭の上の方にもち上げて、ピンで止めている。」（女の子）。

この二つの文を読みあげると、子どもたちには「なるほど。分かった」という表情が浮かぶ。これを定期的にやってみると、みんな、「描写」が鋭くなり、やがて強調する所と、そうしなくても良い所が、自分の中で分かってくる。何も言わなくとも、子どもたちの内で「印象に残る部分」「特に印象づけられたこと」の選択、つまりは取捨選択への感覚が育っていくのだ。

イヤリング一つにしても、小さい大豆状の形はプラプラと書いていた子は、大ぶりのそれだとブラブラと書き、描写力という点で、どんどん的確になっていった。描写力は、表現力の大きい部分を占め、文章全体の説得力に繋《つな》がっていく。描写をしつつ書くということについては「物事を、言葉で他者に伝える時には、とにかく分かりやすく、より具体的に」と、子どもたちに話してきた。

「寺子屋」では、書くことへの楽しさを育てるために、表現ということに対する自在なアプローチを、「言葉」の用い方を十全に味わわせることで、展開してきた。「思いがけないことに」「予想外のことだった」「意外な流れになり……」「こんなことがあるなんて」等々と、たとえば一つの状況を書くのに、どんな言い方、表現の仕方があるかを考えてみたり、この表現を使って書き表したい最近の日常を思い出して書いてもらったりもする。

「物事を、言葉で他者に伝える時には、とにかく分かりやすく、より具体的に」と、子どもたちに話してきた。

そのことを「表現というのは、表して現れるということなのよ。文を読んだとき、頭の中に、しっかりと様子が現れて、まるで見ているように書くのが、表すということ」と言ってきた。

その表現によって、一つの情景が、人間ならば、その「性格」や「資質」がくっきりと思い浮かべられるような、書き方の工夫をと、説き、自分の言い方、書き方で、どんな風にやればよいのか、楽しみながらやってみる。

「鼻水を拭いたティッシュをもう一度乾かしては使いまわすといったような性格で」と倹約家の人について表現してみせる子や、几帳面《きちょうめん》な性格の人を伝えるために「持ち物の全てに一つ一つ名前を書いていましたが買ったキャラメルの一粒ずつの包装紙にも、名前を書きました。」と表す子など、子どもなりの一生懸命な表現の工夫が出てくる。

そして、具体的に書くという授業の後で、よくお母さんたちに話してきたことは、子どもに注意をするときは、より具体的に、そして短くということだ。

「しっかりやる」「ちゃんとする」「きちんとする」「ビシッとやる」といった言い

方を親が一生懸命に繰り返しても、言葉の数と叱声《しっせい》の勢いの割に、成果が出ない。

私が母という立場になってから、幾度も思い出したのは、私の母親の叱り方、注意の仕方の具体性だった。

「本箱の整理をしなさい。本は背の高さの順に並べてごらん」

「片づけを注意されないようにしなさい。一度出した物は使い終えたら必ずもと在《あ》った場所へ戻すと決して部屋は散らからない」

「部屋がきれいに見えるために四角い物は、角を揃えて置くのを忘れずに」

子どもの頃は「ああ、なんて口うるさい」と思ったことも多かったが、今でも忘れないところをみると、母はその具体性を子どもの心に焼きつけたものだろう。

「表現」は、日常を通し、育つものであり、暮らしの中で育っていくのだと思う。

私が唯一、娘に褒《ほ》められることがある。それは、「探し物をしているとき、在り場所を教える表現が見事よね」ということ。

たとえば、ある日台所で、娘が大きい声でリビングの私に尋ねる。

「独楽《こま》の形をした箸《はし》置きは、どこ?」

「シンクの前に立ってみて。その真上の食器棚の前で手を挙《あ》げて、選手宣誓のポーズをして。挙げた手の中指と薬指の辺りに中皿があるわ。その皿の一番上に五個揃えてある」

すると、娘の突然の笑い声が聞こえてくる。

「あはは……。あった。あった」

それから笑ったままの声で「ピタリと表現するのよね。まったく……」と、続きを笑うのだ。それが、文庫本とかマフラーとか、そんな物でも、私は面白がりながら、

「階段の、あと三段で二階という辺りで足を止めて。〝あら、こんな所に可愛い花が〟という感じで、腰をかがめてごらん。パンジーくらいの背丈《せたけ》の花を見つめるつもりで見る目の位置くらいに、文庫の写真集あるはずよ」

「ははは……。お見事。下から六冊目にありました！」。彼女の探していた本のことだ。わが家の本が本棚からはみ出してから、階段の片側に寄せて積み上げて置いたままになっている本たちだ。他人《ひと》が見れば、整理が悪いと思うこと間違いな

い。しかし私本人は、その雑然とした光景の中の、どこにどんな本があるかを記憶している。（それを得意がるより、片づければ良いのだが。）

家庭で、親も子どもに「ほら、あそこの、あれを持って来て」と言うより「テレビの横の、ワゴンの二段目の、白い袋の中から……」といった風に面白がりつつ伝えた方が、子どもは言葉を聞く注意力も養われるはずだ。

高校生に作文の講座をしているときのこと、忘れられない思い出の光景がある。授業終了の五分前に、書き終えた生徒たちが昼食用の弁当やパンを買いに行きたいと願い出たときのことだ。毎日、午前の授業が終る頃に、広い中央玄関前のフロアに、昼食用の食品の出店コーナーが準備される。他のクラスはまだ授業中だから、ワイワイと私語し、ドタドタと廊下を歩かれても困る。「静かに行って」とか「お喋《しゃべ》りしないで」と言っても、そう巧《うま》くはいかないことは分かっている。「あと五分、待ちなさい」と言うのは簡単だが子どもは、こんな特別な時間に心躍らせるものなのだ。

私は、ふと思いついて生徒たちに言った。

「みんな、能舞台に立つ役者になったつもりで、教室を出て、ソロリソロリ、シズシズと歩いて、そのままの姿で教室に戻って来られる？　教室の外は能舞台よ」「すり足だね」「腰を下として、歩幅も小さく……」「顔も首も動かさない」と、昼食を買いたくてウズウズしている子たちが、席から立ち上がりかけて私に念を押す。

「そう。そういうこと」と答えて十人近い生徒を送り出す。

やがて、ふと扉のガラス越しに見ると廊下をパンや弁当の入ったポリ袋を手に、ソロリソロリ、シズシズと、頭一つ動かさず、教室へと戻ってくるみんなの姿が見えた。揃って笑いをかみ殺した表情で、なんだかひどく楽しそうにシズシズ、ソロリソロリと戻って来たのであった。

第三章　絵画にタイトルをつけてみる

貝原浩「ベラルーシの婆さまたち」2003年制作
和紙に墨汁 100.8 × 260.3㎝

絵画にタイトルをつけてみる

パッと目にしただけで、タイトルを思い出す有名な絵画がある。たとえばダ・ヴィンチの「モナ・リザ」やミレーの「晩鐘」あるいはラファエロの「小椅子の聖母」等々は、あまりにも知られ、ある年齢の人たちには馴染《なじ》んだ作品だ。

このような作品も、小学校の低学年では、名画のタイトルまでは自動的に心に浮かぶことも少ない。世に溢《あふ》れる名画も、日本の東山魁夷《ひがしやまかいい》のもの、あるいは熊谷守一、そして香月泰男、松本竣介、有元利夫などの作品といったものは、絵画それ自体を目にした体験のない子も多い。

私は授業で、そうした画家の方々の絵を掲《かか》げ、そこから受け取る第一印象からみんなにタイトルをつけてもらう。

絵画を眺《なが》め、浮かんだ「思い」を、短い言葉に置きかえてみるという行為は、子どもにとって実は、かなり刺激的な作業のようで、子どもたちは、そうすることで「一枚をどのように観ようとし、どう解釈しようとしているか」という自分に気づいていくようだ。

たとえば東山魁夷の、画面に大きく描かれた白い道の絵「道」については、そのタイトルを「未来への道」「希望の歩み」などと挙《あ》げる子の隣りで「思い出の景色」「過去の日々」と言う子がいる。そのうちに、子ども同士で「未来だ！」「いや、過去の絵だ」とガヤガヤ論じ合う声もする。

「なんで、これが未来なんだ？」と一人の子が言えば「この絵の奥の方は道がY字になってる。だから選べる」という答え。すると、「もう通り過ぎてしまった道だって、Y字になってたと言えるじゃないか」とやり返す。

女の子が「私の道、とか私だけの道と、すればいいんじゃない？　未来とか過去に関係なく……」と、なんだか学級会のようになる。

みんなから挙がるさまざまのタイトルと、それを巡る意見交換（？）が一応、収拾をみたあたりで、「この画家のご自身のタイトルは〝道〟です」と告げると、「ま

い、
んまじゃん！」と笑う子や「やっぱりね」「そうだよね」などと言う子がいる。

この「タイトルづけ」の作業が終了すると、次は、この絵画を「挿画」にして、思い浮かぶことを自由に書いてみようという課題に移る。

書くものは、自分自身のことでも良い。あるいは全くの物語としての創作でも良い。条件は一つ。この絵が、ちゃんとした説得力を持って、作文の一部にステキな味つけになっていること。この絵と文が、互いを生かし合っていること。「六〇〇字を目処《めど》に」というのが、ほぼ毎回の「寺子屋」での作文の文字数だが、その時々によって、文字数には特に制限は設けない。

この授業は四〇〇字と二行の子もいれば、熱が入り二〇〇〇字を超えて、鉛筆の止まらない子もいる。

子どもが「これ」と「これ」と自分の心で選んだ絵には、文を添えたいだけの内的な理由がある。そこを自由に楽しんでほしいと思う。

中には「こう来たか！」と驚くような構成（？）で名画四点を自在に手の内に収めて、達成感に満ち満ちた顔つきで「読んで！」と持ってきた子も。

小学四年の彼は、ルドンの「キュクロプス」という一つ目の巨人の描かれた絵を話の展開の糸口とし、この巨人と目が合い、巨人に見つめられた子は、自分のいる所ではない、どこか他の世界の入口の扉を開ける体験をするという進め方で書いていた。最初に開けた扉の中は、大きな樹さえ折れそうな勢いで吹き飛ばされそうな風が吹き、……とコローの「モルトフォンテーヌの回想」を用いている。その絵の中に描かれる女性と子どもは、次の扉を開けると、なんと食卓に向かっていて、先刻大風《おおかぜ》の森で拾った樹の実でスープを作ったことになっていて「食前の祈り」と題するシャルダンの絵を使っている。この話の最後、四枚目に用いられた絵はフェルメールの「手紙を読む女」だ。扉を開けた子は、目の前で便箋《びんせん》を広げて一生懸命読んでいる女性を、母親の友人と設定し、手紙には「うちの子がどこかへ消えてしまいました。一つ目の巨人の目をのぞきこみ過ぎたのではないかと心配しています。あなたが、もし、うちの子を見かけたら、すぐ知らせてほしい。」と、書いてあったと物語をそこで閉じている。

「この子は、もとの家に帰れるの?」と尋《たず》ねると、「さあ……。たぶん大丈夫」とのこと。

有名、無名、日本の画家、海外の画家、全ての枠もジャンルもはずし、子どもたちに提示し続けた絵は、思わぬところへ発展した。

夏休みや冬休み明けに母親たちから「上野の美術館に出かけたとき、絵に近づく前に、子どもからタイトルを当ててみよう!」と提案されて、いつもは途中で飽きてしまう子が、親子で会話も弾み、とっても楽しい時間を過ごせたんですよなどという報告もあった。

子どもの自由な発想が本当に凄いのは、たとえば貝原浩氏の「ベラルーシの婆さまたち」の絵などを掲げて、この作品の背景は一切明かさぬまま、これを挿画にしなさいと提案したりするときだ。チェルノブイリの原発事故後も土地を離れず、一斉に、「怒り」、「恐れ」、「悲嘆」などが表情に凝縮してしまった十三人の老婆たちがまっすぐにこちらを見据《みす》えて立っている一枚。性別など超えた、人間としての根源的な嘆き、理不尽さへの抗議といった感情で全身を覆った十三人の絵は長くそれに対峙しているのが苦しくなる作品だ。

この絵に、「今年も、恒例の〝高齢者、にらめっこトーナメント〟の日がやってきました。この大会の賞品は一年分の食糧と衣類とあって、七十歳以上が、参加条件となっているのを、六十歳にしろという声もあるほどで、みんな、七十歳になるのを待っています。」という書き出しの六年生の男の子もいれば、「この村には、男はみんな六十歳になると、女装し、死ぬまで女として生きなければならないというきまりがあります。家の仕事も、子どもの世話もしないできた男たちは、急に女の姿をさせられ、スカーフで頭を包んでもスカートをはいても、男か女か分からない様子でいるしかありません。」と、思いきった空想を巡らす小学三年の女の子。

かと思うと、二年生の男の子が、こんなことを書いた。

「ここまで生きてくる間に、辛いことや悲しいことがありすぎて、笑うのを忘れたおとしよりが集まり、誰も口を開かず深い穴の中に住んでいる村がありました。ある日、その村に、悲しみを吐き出せば、幸せになるという魔法の壺を担《かつ》いだ男が、山の奥からやってきました。大きな声で『この壺の中になんでも言え。ガマンするな。』と宣伝する男のことばを聞きつけて、穴の中から、ぞろぞろと十三人の老婆が出てきました。何年ぶりかで村の人たちと向き合い、壺を担ぐ男をみる十三人の顔は昔とは恐しく変わってしまっていました。（後略）」

また、それまで「鏡」という物を全く知らずに過ごしてきた老婆たちが、それぞれに、自分の老いぶりを鏡で見て、言葉を失うという設定の話もあった。「それまでは互いの老いぶりはハッキリ口にせず、お世辞を言い合って過ごしてきたものの、この日初めて真の姿を鏡に映し驚愕《きょうがく》し、揃って呆然《ぼうぜん》とし……」というもの。

そして、この「ベラルーシの婆さまたち」の絵が放射能に汚染され、人が住めなくなった場所に、自らの意志で帰り、暮らし続けている老女たちを描いた作品だという事実を全く知らないのに、子どもたちの、洞察力と直感の鋭さにいまさらのように感心させられる作文もある。

「今から五十年前、ある町から、十三人の若い男たちが、まとめて戦争に出かけました。お母さん方は、二年、三年と待っても帰らない息子たちを探して、戦場の一番近い所で、誰にも見つからないように、助け合いながらくる日も、くる日も、死ぬほど無事を祈って暮らしました。」で始まる五年生の女の子の文章。

この絵の背後にある事実について、授業の最後に伝えると、子どもたちは、再びしげしげとこの絵を見つめる。先刻とはまた、別の表情で。

今年になって、入試問題に一枚の写真などを用い、その写真から思い浮かぶことを自由に記すといった内容のものが出題されたとテレビのニュースで知った。大変に良いことだと思う。こうした出題の工夫は、もっともっと大人の側でする必要がある。

受験生のためにいわゆる「過去問」と呼ばれるかつて用いられた入試問題をまとめた問題集が毎年あちこちの出版社から出ているが、私の二冊の本の中からのエッセイも国語科の科目の中にもう何年も前から用いられている。〈『問わず語り老い語り』（学習研究社）、『おばあちゃんの隣りで』（筑摩書房）〉

面白い話だが、その私の少女時代のエッセイを取り上げた色々な質問の一つに「この主人公の少女の気持ちを以下から選びなさい」というのがあり、ズラリと五つほどの「少女の気持ち」が記されていた。その中に挙げられていたのはどれも、書いた私自身の気持ちからはほど遠くて、驚いた体験がある。その時につくづくと「なぜ、自由記述」にしないのかという疑問を持った。六十字あれば足りる。四十字でもまとまるかも知れない。（余談だが出版元に電話し「私が少女時代に感じた認知症の祖母と母のやりとりは、母への尊敬でした」と告げると、翌年の問題集には、その言葉が反映され、「少女の気持ち」の項目が一つ増えていた。）

私はこの授業を通し、子どもたちの感性、というよりもっと深く言えば直感より濃い魂に根ざす彼ら、彼女らの「精神世界」の中には、芸術家たちの、強い表現意欲から生まれた作品に濃く触れていく回路が開かれているという確信を持った。

付言したい。東山魁夷の「道」については、画家自身の制作経緯について記した一文の最後に、次のようにある。

「この作品の象徴する世界は私にとって遍歴の果てでもあり、また、新しく始まる道でもあった。それは、絶望と希望を織り交ぜてはるかに続く一筋の道であった。」(7)

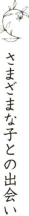

さまざまな子との出会い

「寺子屋」の生徒は誰でも原則として三年生以上なら受け付けてきたが、三年生以下でも「読書好きの子、あるいは、ここで何かを体験させたいと親が願う子、そして、子ども自身が〝やってみたい〟という意志のある子は引き受ける。現実に、一応は「三年生以上の子」とうたっていても、二年生の子どもたちは増えている。二年生までに「読み聞かせ」を含めて「本」を（絵本でもいい。漫画でもいい）味わい、ページを開くと、そこに別の世界があり、読み進めると、ストーリー展開が楽しめる……ということをそれまでの生活体験の中で知っている子は、「書く」という行為に抵抗なく入っていけるし、「書くこと」の伸びも早い。

また、さほど夢中で本を開いてこなかったという子でも、家の中で会話のある子、それが母親でも、祖父母でも「言葉のやりとりをする時間を重ねてきた体験のある子」は、言葉に対する感覚が良い。そんな子は二年生でも、ちゃんと五、六年の子と同じ課題を一緒にやれる。加えて、このような子の中で、特に生活の中で家事を手伝わされたり、家族と一緒に台所に立ってその作業を見ていたり、見て知って、目の中に映るものに、何かを感じてきた子は、やはり言葉の使い方、選び方が的確なのだ。

たとえば、やや大きめのスプーンの上に、グリンピースが、さらりと乗っかった実物大のカラー写真に言葉で解説をさせると、学校での成績が上位だという学年の上の子たちが苦心しつつ、「カレーライスを食べるようなスプーンに、十五個のグリンピースがあり……」とか「五グラム以上、十グラム以下、というほどのグリンピースが、やや大きいスプーンの上にあり……」等々と書いているとき、二年生の女の子は「おとなの口にちょうどスッポリ入る大きさのスプーンに、一口分のグリンピースがあって」と書く。

二年生の子で、「一口分の」という言い方、書き方のできる子は稀《まれ》だ。小さい時から台所で母親の手伝いをし、生活の背景が見える分かりやすく的確な表現をしたその子は、今はもう中学三年になった。

「寺子屋」は、母親たちの口コミで続いてきたので、ある日突然それまで名前も知らなかった人が、子どもを連れて、一人、また一人と訪れることがある。（ネット嫌いの私は、あくまでも私塾として、ネット上での喧伝などは控えてきた。）

忘れ難い子に、虫採りの大好きな男の子がいた。小学一年が終わり、二年生になるという時に、母親と一緒に来た彼は、実に子どもらしくて、私の印象は「昔、こんな子は、あちこちにたくさんいたわ。少なくとも日本の田舎町に、五十年ほど前には、たくさんいた……」というものだった。

母親はこの少年の下に三歳と乳呑児《ちのみご》を含め、三人の子がいると伝えたが、さぞ忙しい日々だろうと察しがつく。少年の学校での日常生活について、涙と共に話し続ける様子は、耐えてきたものの深さを思わせた。

「下の子たちにも優しくて、私はいい子だと思っているんですが、周りから浮いてしまったり、やることがズレていたり……」

彼女は、世の中にさまざまに流れ、伝えられる子どもの「タイプ別仕分け」ともいうべき情報をモノサシに、わが子について悩んでいた。モノサシが増えていくと、子ども自身が見えなくなる不幸が現代には、ある。私の直感は、彼が「赤ちゃんの世話に追われている母親と、一日十分でも二人きりで向き合えるお喋《しゃべ》りの時間があれば落ち着いていく」というものだった。

みんなで揃って、一斉に何かをやるということが、とても苦手な子がいる。自分のやりたいことを中断され、次はこれをやろうと指示されても、低学年のうちは特に、号令と共に、興味のないことをさせられる理不尽に耐えられない子がいる。彼は、そうしたタイプの子のようだった。まだ小学生になってやっと一年が過ぎたばかり。世の中は子どもを見る視線が、どんどん神経質に、そして狭量になっていく……と感じる。

今の時代は早々《はやばや》と、成長段階にある子たちを病的に過剰診断し過ぎていないか。子どもたちには、どんな子にも、他と違う点を数え上げるより、個々に持っている最も光る部分、良い所、魅力ある点に視線を注ぐことから始めることが全てではないのかと思うのだが。「寺子屋」で子どもと向き合っていると、一人ひとり「その子の納得の仕方」「理解の仕方」の過程と方法論が皆違うと分かる。

教室には、作文を書く手を止めては立ち上がり、ピョンピョンと跳躍し、再び書き進め、また跳ぶという方法で文章を綴《つづ》り続ける子もいたが、そのやり方が彼の中で成長していく際の整合性を独自に支え、満たすのなら、それが彼のあるべき形なのだ。この五年生の男の子は鋭い感覚の光る文章を上手に書いていた。

私はその日「お母さんが、いい子だと言いきるのが、一番この子にとって、確かなことではないのですか」と、言っていた。

彼は母親と私の顔をマジマジと見くらべながら、子どもたちの帰った教室で、黒板の前のチョークを手にし、自分の手のひらを赤や黄に染め上げ、遊んでいた。どんな子にも関わる大人は必要だし、それは何も専門家と呼ばれる、その道の学術的な知識の豊富な人たちばかりである必要はない。私はいつも私の子どもの頃、ご近所にいたような小母さんの一人として、子どもたちと話をし一緒に時間を過ごすつもりでつき合う。

彼は今、友達の多い元気な中学生になったが、六年生の終りまで、「寺子屋」に通って来た。

彼の五感の鋭さは驚くものがあった。

感じ方が「丁寧」なのだ。とにかく自分の感じたものを、なんとか正確に伝えようとして、その意味で要領良く〝適当に〟手を抜いて書くことのない子だった。

ある日の課題では、子どもたち一人ひとりの手に一本ずつカラー（カイユとも呼ぶ）の花を持たせた。「カラーの花を見たことも触ったこともないという人に、写メを撮って送るのではなく、言葉でこの花の形や色を、しっかりと伝えてみましょう」というのが、その日のテーマ。書き出しは「カラーという花は……」。

当時、三年生になっていた彼は、

「カラーという花について教えてあげます。茎《くき》は、ちょうど少し太めの長ネギのよう。花は、まっ白い色で、茎と花のさかい目が、うすいみどり色になっていて、そこの色がふしぎできれいです。花は一まいの紙をくるりと、ラッパの形に巻いたような、そんな形です。それで、ラッパの形の上のほうから、花の中をのぞくと、まるで小さいトウモロコシをさしこんだみたいな芯が見えます。茎を持ちつづけていると、手の熱で茎があったかくなるようで、この茎はみず気《け》が多いです。花びらは厚くて、ぽってりしていて、手ざわりが一ばん近いのは、ぼくの家にあるレザーのソファです。レザーの手ざわりみたいな、少ししめったやさしいかんじです。ぬれているのではありません。しめったみたいな手ざわりがします。花の大きさは、ぼくの手のひらぐらいです。特ににおいはありません。」

私はよく、物の形の描写を子どもたちに書かせた。花なら、ラベンダーを鉢ごと持参したりもした。見て、知っている物でも、いざ文字で描写するとなると、ひどく雑になるものだ。

大人でも、「見知っている」と感じている物について、いざ言葉にしようとすると、見ていたつもり、知っていたつもりでしかなかったと思うことも多い。

子どもが、他者に一つの物について一生懸命に説明しようとなると、言葉を寄せ集めるのに、これまでの生活の中から、色々な体験を思い出し、かき集めなくてはならない。リビングのレザーのソファの感触までを記憶から引っぱり出して。

彼は四年生になり「吾輩は○○である」の（既述の「吾輩は○○である」の項・参照）授業で、彼らしい素晴しい文章を書いた。

虫好きで、夏から秋の間は、いつも「寺子屋」にギッシリと捕獲物を詰めこんだ虫カゴをぶら下げてやって来た。「今日の収穫、成果」について熱っぽく話してくれる彼は、時折吃《ども》るようになった。誤解を恐れずに言えば私はこの「吃りながらも伝えたい」という一心な彼の様子が好もしかった。そんな状況が続いたある日、彼の母親に電話し尋ねた。

「吃り始めたようですが気になりますか」

もし、親が気にして、彼に注意しているようなら、暫《しばら》く、黙って彼につき合ってほしいと思ったのだ。彼女は笑い「夢中になると凄いんですが」と言ってから「あのままにしています」と答えた。そこで「私もです。あのままにしておきますからね」とそれだけ伝え合って電話を切った。

彼女は大らかで良い母だった。こちらの言うことをいつもまっすぐに受け止め対応してくれた。出会った頃、「彼に読み聞かせしてほしい」と頼んだ本は図書館で借り、二年生の夏休みを、そのことに費やしてくれた。その成果で、彼の作文は、ぐんと上達した。最初「えっ?! 二年生になっても、読み聞かせをするんですか」

と言った彼女だが、国語力にプラスになることと、母親を独占できる情緒的な安定感など、その必要性、理由を言うと、すぐに「分かりました!」と言った。

前述の、彼の書いた「吾輩はヘラクレスオオカブトである」。その一部を紹介したい。

「吾輩はヘラクレスである。いつもスーパーマーケットのペットショップの高い場所で狭い箱の中にすんでいる。そして、いつもいつも、子どもたちにのぞきこまれている。子どもたちは、とてもほしそうに見てくるが、買う気配は、まるでない。べつに買ってもらいたいわけじゃない。買ってもらったとしても、いい事なんてあるわけがない。べつにそこに友達がいることはないし、逃がしてもらえるわけでもない。まだ、友達がいるこっちの方がいい。

友達というのは、下の箱にいる値だんの安そうなカブトムシや、弱そうなクワガタだ。友達というより、話し相手という方がいいかな。

吾輩の所に来たら、エサの取り合いになり、きっと、ふきとばしてしまうだろう。だが、ふきとばさないやつもいる。それは吾輩と同じ種族のメスだ。私たちは子孫を残すという大切な仕事がある。それなのに、変な所につれてこられては、何もできん。ただ、ただ、つっ立っているだけ。たいくつな日々を送っている。ある日、吾輩を買う者が現れた。安そうなカブトムシにもクワガタにも別れをつげ、サヨナラ、バイバイと飼い主の家に着いた。そこで見たものは、な、な、なんと。広い温室。そこは、まさに吾輩が求めていた世界だった。

飼主は、吾輩を手にとると、やさしく温室の木に置いた。ボーッとした。

そこには、同じ種族のメスが！

吾輩は偉大なるヘラクレスオオカブトである。吾輩は今、幸せである。」

この作文を彼が書いた頃、母親が、父母会に出かけるのが辛いと言った。聞くと、彼の学校での様子のあれこれが先生の注意の対象で、彼女は担任に詫《わ》びてばかりが切ないと。

おそらく先生は大勢の子の中で彼の〝書く〟ということについてのとても精緻《せいち》な感覚と、言語表現への意欲について詳細に知る機会が少ないのかもしれない。

その後、母親に、彼の「吾輩はヘラクレスオオカブトである」の一文を面談の時、先生に見せてやってほしいと提案してみた。

先生は面談時にその場で彼の文を読み、「あの子の中に、こんな世界があったのですね」と無言になったのだとか。以来、何かにつけて注意されるということが減ったそう。彼の吃音《きつおん》も、気がつけば消えていて、小学校を終えた。

中学へ入学する手前で、六年生の子たちとのお別れを終え、駅へ向かう私を、通りの向こうから呼び止め、再び駆けてきた彼は、「イエーイ！」と私にハイタッチし「先生さよなら、ずっとガンバッテ」と一声励まして、走り去った。

彼がいつだったか「先生、幾つ？」と私に年齢を尋ねたことがあった。

「六十八歳」と、当時の年齢を告げると、

「ゲェー。すごいトシだ。四年生くらいかと思ってた」とのこと。

「うん、先生も自分でそれくらいかなと思うの。困ってるの」

すると彼はキッパリと言ったのだ。

「先生、大丈夫。だんだん良くなるから。オレだって四年生でもみんなに幼稚園生みたいだって言われてるけど、大丈夫だョ」

親も、わが子を見直す

「寺子屋」では「うちの子、こんなこと考えられるんですね」と、しみじみ口にするお母さんとたくさん接してきた。本当に母親の方々は、わが子について過少評価し過ぎている。私はいつも思うのだ。

「もっと自分の子に驚いてほしい」「大いに親馬鹿であってほしい」。

あまりにも、みんな「学力」と名づけられた暗記力や成績という「較べっこの相対評価」と、順位、点数にアタマを縛られて、それ以外の視線で、わが子を見つめてみようという「発想」に乏《とぼ》しいのは、どうしたことか。本当に残念だ。

子どもが、一つの状況について、目を見張るような独自の感じ方で素晴しい表現をしているのに、そのことに驚かないことが歯痒《はがゆ》くてならない。

だから、どう凄いのか、どこが素晴しいのかを一つ一つ説くことになる。そうすると、やっと「なるほど……」と言う。「お母さん、あなたは、ここに来て、いきなり色々な課題を出されて『さあ、書いてみましょう』『やってごらんなさい』と言われ、二時間ほどでこんな文章をこんな表現と感じ方を見つけて書き上げること、できます?」と問うと、「いえいえ、私はとても……。あの子凄いですねえ」とやっとジワジワと感心している。

親はわが子の、他者が見過ごしている所、目立たない所、一般的な評価と別な所にしっかり目を向け、「ここが私しか知らない、うちの子の美点!」とか「そう簡単には分からないうちの子の渋い味わい……」などと分かっていることが「親の役目の真骨頂」だと、私は思うがどうだろう。

目立たず、口も重く、引っ込み思案で、いつも損な役回りばかりと中学二年の息子への歯痒さについて心から嘆いているお母さんに、私は彼が好ましい。彼を好きだと正直に言ったことがある。失礼だがハッキリと「彼は目から鼻に抜け、一を聞いて十を知るタイプではないけれど、目から彼を刺激した知が鼻に抜ける前に、彼は両耳にも通してみる……という具合で、結局、彼は不器用でも要領が悪くても、確実で力強いものを身につけていく。私は好きですよ」と。以後、お母さんの息子を見る目が頼もし気になり、変わった。そうなると不思議なことに息子の方がそれに呼応するように「頼もしい子」に変わっていった。親子の関係はポエジーだ。育児は科学ではなく文学。親子は学術的エビデンスではなくポエジー。これが私の持論だ。

私はお母さん方に、いつも見学自由、子どもと一緒に書いてみることもどうぞと勧めてきた。喜んで参加するお母さんと逃げ出すお母さんがいる。

たとえば、雪のちらつく寒い日に「寒い、冷たいという表現を一切使わずに寒い状況、冷たい様子を自分の体験を思い出しながら書く」といったこともさせる。

「スケートリンクに出かけ、中へ入ると目の中にヒューッと入ってくる空気は、ペパーミントガムを噛んだ息が、風になったみたいな感じでした。」と表す四年生の男の子。「降りたての雪が、三十センチも積もっていた冬休みの日、田舎のおばあちゃんの家の庭を夢中で歩きました。まだ誰も歩いていない深い雪の上を歩くと、先月お母さんが新しく買ってくれた、袋の中から出したての掛け布団を踏んだのと同じ感じで、夢中になって歩きました。ずっと外で遊んでいたら手足の指の先が冷たいのではなく、痛いような感覚になりました。」と三年生の女の子。

子どもたちは、「あの感じ、あの体感を、どう表そうか……」と、あれこれピタリとくる言葉を求めて考えこみ、やがて表現を探り当てたときに、その描写力の発信に合わせ、「自分の感じ方」というものを認識していく手がかりを得る。

このような授業だと、日頃からみんな便利で手軽な言葉で言うことに慣れ過ぎている大人たちは「エッ?」という顔をする。お母さん方は、みんなわが子にかなわない。そして「もしかして、うちの子は私が思っているよりもずっとユニークで、鋭くて、感性が豊かなのかも」「宿題もさっさとやらない。片づけもさっさとやらない。でも、のろのろしているようで、ちゃんと何かを感じているんですねえ。ちょっとビックリ」というように、わが子の別の面、見ようともしなかった面にふっと気づいていく。

「暑いという言葉を使わず、その暑かった日の、暑かった様子を書いてみて」といった課題なども使った。

三年生の女の子の「外出中電柱の陰の所にでもいいから体を入れたいと思うような太陽が照っていて目は日陰ばかり探している。さっき食べたアイスなんか、もう五歩歩いた時には、口の中の冷たさも消えていた。」

五年生の男の子「氷の大量に浮かぶプールに飛びこみ、その中で、かき氷をたて続けに食べている自分を、何度も何度もイメージしながらピアノに急いだ。ピアノ教室に着いたらボクの顔は間違いなくウガンダやザンビア、モザンビークなどからやってきた少年のようになっていると確信した。」

「子どもって自由ねえ」「よく思いつくわね」とお母さん方が笑い出す場面は幾つもある。

ちなみに母親たちの方は「日焼け止めクリームを厚塗りしても全く間に合わない日、家に急いで帰り、クーラーを手足の関節が氷るほど強くして……」といった風になる。

この「寺子屋」は、お母さん方がなぜか互いの子に感心し合い、褒《ほ》め合っているうちに、彼女たちが仲良くなっていくのを感じてきた。

私は、お母さん方に伝えてきた。

「子どもがここへ来て、この場を生かすことに打ちこめるのはお母さん方の母親としての小さな日々の努力があってこそのものなのですよ」と。

彼女たちが食事を作り、洗濯を終えた衣服を子に着せ、夕方五時に送り出す。学校を終えてから、オムスビ一個をラップに包んで来て授業の前や後にお腹に入れ、腹ごしらえしている子。水筒にお茶を入れ持ってくる子。

原稿用紙に向かい、カツカツ、コツコツと一心に文章を綴れる子の姿から、私が受け止めるのは、日頃の暮らしの安定ぶりである。

もう二十年も前に著した拙著に記したが、家庭とは、子どもにとって「心の安全基地」そのものだ。この足もとの生活に、ゆるぎない安心感あればこそ、子どもは自分の身を置く他の場の中でも心を解《ほど》き、体をその場に馴染ませ、その場の空気感に浸《ひた》れる。

子どもが落ち着かない状況下で日々を生きていて、自分の日頃の心を小さなお喋りでいいから、ちゃんと親に受け止めてもらっていなければ、二時間を作文に集中して打ち込めたりしない。

いつも、心を伝えられる対象としての親がいて、空腹を抱え続けなくていい環境があって、（子どもの空腹を気にかける親がいて）昨日と同じように今日が来て、今日と同様の明日もあると、不安なく、それを当り前のこととして信じられている子が、自分の内面を必要な時に、必要に応じて伸ばしていけるのだ。

子どもは、その意味で、日常に恒常性を求めるひどく保守的な生きものだと言い切っていい。

私が転校に継ぐ転校の少女時代を送り「いじめ」にも遭い、それなりの悲しさや切なさもかみしめながらも、ちゃんと勉強したのは、知らなかったことを知る喜びと、私の成績などを、そのときそのときに自分なりの言葉で評価、査定し、決して私に対して無関心ではないという母の様子を受け止めていたからだ。そして何よりも、土地も場所も家も全部変わっても「家族環境」という、つまりは「安全基地」としての「家の雰囲気」が、全く変わらずにあったことだ。どこに住んでも、丸い食卓を囲めば、昨日と同じ今日、一年前と同じ今年があったことだ。

「寺子屋」で一心不乱に原稿用紙に向かう子たちの暮らしの背後に、私はいつも親の日々の努力を感得し「ごくろうさまです……」という思いを抱いてきた。

母親たちへの、労《ねぎら》いと感謝のメッセージと同量の熱量で伝えてきたのは、「寺子屋」に通わせ、それでオワリではなく、返却した作文を親自身が、家でもう一度見て、私の評価と感想を、子どもの前で声に出して読み上げること。その上で、私が感心した一行に引いたライン、見事だと思った表現に付けたハナマル印を確認し、それを再評価し、親の口でもう一度、褒めてやってほしいということ。子どもは、親の一言が心に残る。「本当にこれは良く書けてるね」の一言が母親から有るか無いかは大きい。

お母さんの中には、下の子の世話に忙しかったり、夫との自営や共働きで、毎日を駆け巡るようにして過ごす人もいる。

「あら……全然読まずに、畳んだまま本棚の端っこに置きっ放し。今夜、じっくり読みます」という人もいる。彼女には、「子どもが眠ってから、一人じっくりではなく、子どもに自分の作文をお母さんが読んでいる姿、表情を、ちゃんと見せるのよ！」と、注文をつける。

子どもに「昨日、読んだわ。一生懸命書いたわね」ではなく、本人に面と向き合い「この文のここが本当によく書けてると、お母さんも思う」と、そう言ってほしいのだ。

「書く」という行為は、「聞き、読み、話す」という言語活動、言語行為の一番最後に表れるものだと思う。

「聞いてくれる人がいる。自分が話すことを受け入れてくれる人がいる」という体験の積み重ねがあって、「話す」ことは習慣づけられるが、そのずっと前に絵本であれ、歌であれ親の「言葉」と「声」で「言葉」が、子どもの耳に吹き込まれる体験がある。

吹き込まれる言葉で、子どもは「言葉」のリズムに添って「意味」も理解し、それが人と人とを結ぶ「手段」として機能することを知っていく。

だから、「作文をイヤがらない子にしたい」「書くことを忌避《きひ》しない子に育てたい」と、思ったら、赤ちゃんの時分から子どもに話しかけることや、絵本を読んで聞かせることや、単純な読み聞かせ一辺倒を超え、本のページをめくりながら「あらっ？　赤いお花が咲いているね」とか「うさぎさんは、どこに行くのかな」などと、ストーリーに関係なく、子どもがジッと絵に見入る様子を見つめながら、絵本をもとにした語りかけも、してほしいと思う。

子どもは、まず耳から多くの言葉を取り入れ、そんな時間を十分に体に詰め込むと、やがて話し出す。そのことを心から実感したのは、日本を離れ、息子が小学二年生となり娘が幼稚園生になって、それぞれ六ヶ月が過ぎた頃の異国での体験が大きい。日本語を使って育った子どもたちは、二人共十分に日常生活で母国語の会話による意志疎通ができていた。

子どもたちは敢えて日本人学校には入れず、現地パリ市内の居住区域の公立幼稚園、小学校に通わせることにした。

単純に郷に入っては郷に従って、子どもなりの異国を、言葉、習慣、友達、遊び、給食、授業、その全てを丸ごと毛穴全部から受け止めてほしいと願ったからだった。

現地の「言葉」は、二人共、当初一ヶ月近くは、まるで緘黙症《かんもくしょう》の様態で一言も話さず、単語一つすら唇に乗せず、家の中で二人して以前同様日本語で遊び、話していた。やがて三週間を過ぎ、じきに一ヶ月という頃、アパートのお向かいのマダムが、私が前日に手縫いで作り娘に着せていたワンピースを褒め、そして「なんて可愛いドレスなの！　誰が作ったのかしら」と尋ねたときだった。四歳の彼女は突然に口を開き、

「セ・マ・マモン・キ・ラ・フェ・サ」（C'est ma maman qui l'a fait ça）と言ったのには度肝を抜かれるほど驚いたものだった。ちゃんと関係代名詞まで入れて「文」になっていた。（ちなみに、後に読んだ森茉莉の「巴里の夏」というエッセイの中に「巴里人の子供は五つくらいでもちゃんと文法に合って喋るものだと私はびっくりする」という一文があった。）やがて、家の中でも、きょうだいで遊ぶ時も、けんかをする時も二人は日本語ではなくなった。

おそらく、二人共、先生やたくさんの子らに囲まれて、フランス語のやりとりをを聞き、その状況から「言いまわし・表現」を摑《つか》み、話し方、伝え方を知っていった

のだろう。

子どもたちは、聞いて聞いて、それを耳から心に、体にしみ込ませ、最後に「声」へと転換させていったのだと分かる。

「言葉」は、まず耳から体へと、「表現」は、状況から心へと響かせなくてはならない。それも肉声で、というのが私の考えだ。

気のすむように書かせる

海外で生まれ、小学校入学時に日本に帰ってきた男の子が「寺子屋」にやってきた。

彼は、のびのびと自由に育ってきた気配がある。「スナオに言うことをきかない」という理由で、ずっと先生に注意を受けてきたとのこと。「寺子屋」に来たときは三年生になったばかりだった。

好奇心が旺盛な子で、生き生きしていたが、確かに〝自分のやりたいようにやる〟という個性がきわだっていた。

面白かったのは、「寺子屋」に来てから一年の間、彼は私の出す課題を、とことん無視し、無視した上で、実に張り切ってとても前向きに原稿用紙に向かい、せっせせっせと鉛筆を走らせ、自分の書きたいことを書いて提出したこと。

彼は、ずっと「おじいちゃんのこと」というタイトルで意欲的に、おじいちゃんの様子、生態を綴り続けた。

「おじいちゃんは八十二歳です。おじいちゃんの見るテレビはニュースです。おじいちゃんはニュースしか見ません。おじいちゃんはマグロが好きです。おじいちゃんはマグロの中の、あかみがこうぶつです。おじいちゃんのへやには、しょるいがいっぱいはいったダンボール箱があります。さわってはいけないといいます。」

こういった調子で書き続け、そこには実によくおじいちゃんを見つめている彼の視線が感じられ、この意欲を大いに大切にしてやらねばと思った。気が済むまでやらせようと。

翌月には、同様に「おじいちゃんはゴムのきついパンツや、半ズボンがきらいです。くつ下のゴムも、ゆるゆるのがすきです。おじいちゃんは、手のつめを、いつもきれいにしていて、小指のつめだけのばしています。のばしているのは右の手の小指です。しょるいを見るときに、この小指のつめがやくに立つのです。おじいちゃんは、……」

私は彼が綴る祖父オンパレードの作文を、「おじいちゃんシリーズ」と名づけた。

彼は、このネーミングがえらく気に入ったらしく、毎回、書き終えると「ハイッ！　シリーズ第6回」とか「シリーズ第7回完成」などと胸を反《そ》らせ、大得意だった。

そして、一年が過ぎると「シリーズは終了」と自分から告げ、毎回「寺子屋」のみんなと同じ課題を嘘のように、せっせとやり始めた。どうやら、気が済んだらしい。

後になって母親から聞いたのだが、彼は日本に帰ってから、初めてそれまでは写真でしか知らなかった祖父に会い、加えて前年に妻を亡くして一人住まいだった祖父が娘や孫との同居をスタートさせたのだとか。

つまり、祖父はシリーズ化して書きたくなるほど、孫にとって興味をそそられる存在であり、好奇の対象だったのだ。

この子の「おじいちゃんは」で始まる文の繰り返しは巧《たく》まざるユーモアを生んでいるが、その繰り返しのリズムは、大きな味わいを作り、そして最後に、こんなに孫に関心を持たれる「おじいちゃん」は、なんと幸せだろうと思わせられる。

子どもが、夢中になって、一心に書き進める文には特有の「味わい」が生まれるものだ。それを楽しめる関わりでありたいと思ってきた。色々な〝指導〟めいたものは、それからでいい。

この祖父シリーズの子は、「寺子屋」に休まず通って来たが、その後彼がイモリとかトカゲといった類《たぐい》の生き物が大好きで、捕まえると幼稚園の頃から毎日を観察に没頭してきたことを知らされた。それで分かった。「おじいちゃん」への観察日記めいたまなざしと、愛情に満ちた詳述の勢いといったものに通底する感覚が。

子どもが夢中になって一心に綴る一文には特有の味わいが生まれると述べた。

兄弟で「寺子屋」に来ていた子で、兄の方は今年大学生になり、弟も中学二年になったが、この弟が四年生になったばかりの四月の作文である。

新しい学年になると、「寺子屋」の子たちに「僕は（私は）○年生から○年生になりました」という書き出しで自分の一年を振り返ってもらう作業をする。その際には反省ばかりせず「僕は（私は）こうなった」との「成果」を思い出し、とにかく〝自分の進歩と成長の跡を自分で讃《たた》える〟という条件がある。この作文の終りは、「こうして、僕は○年生から○年生になりました」と、書き出しの一行と終りの一行を同じ文にする試みをしてもらう。子どもたちが、それぞれに習い事やお手伝いの量の進歩など書いている中で前述の弟の方は、こう書いた。

「僕は、三年生から四年生になりました。この一年で、僕が食べたおやつを一つ一つ思い出してみました。ポテトチップス・かっぱえびせん・グミ・ガム・うまいぼう・じゃがりこ・ラムネ・アメ・ガリガリくん・チョコ・ホワイトチョコ・キャラメル・塩キャラメル・ゼリー・せんべい・クッキー・わたあめ・ポップコーン・パフェ・ハイチュー・チュッパチャプス・生ラムネ・ぼくは、こんなに食べました。そして三年生から四年生になりました。」

この文中には明かしていないが、この子はアレルギーを持っていて、食べられるお菓子の種類は限られている。年齢と並行して体も変化し、成長と共に口にできるお菓子の種類は少しずつ増えていっていると後になって母親が言っていた。彼にとっては、一年間で口にできたおやつを思い出し、一つ一つ書き出すことは、何よりの喜びだったのだろう。夢中で書いていた。子どもは、巧まずして、こんな楽しい一文も作る。

この子は、ユニークな発想ができ、しっかりした文章を書ける子で、大人の顔色を見たりすることの、一切ない素直な子だ。

この作文で思い出したのが、井上ひさしの作品『花石物語』で、魚村の〝飲み屋街〟の早朝、汚れた通りに散乱する、ゴミを描写した部分だ。脈絡なく投げ捨てられ、放り出され、散らかったまま凝然《ぎょうぜん》と在《あ》るモノたちを、著者は、只々ひたすら、言葉にし、数え挙げてみせる。

「串、箸、踏みつけにされた実話雑誌、貝の殻、縄の尻尾、吐瀉物《へど》、大小の紙屑、尾頭つきの魚骨、骨だけの傘、卵の殻、穴のあいた鍋、炭火の灰、紙帽子、酒の空瓶、ビールの王冠、コルク栓、靴下片方、脱脂綿、芋のへた、破れ団扇、西瓜の種、瓜の皮、庖丁の柄」(8)（中略）……なんと、こういった調子で、井上ひさしはゴミだけ並べ挙げることに没頭し、半ページを費やす。挙げているゴミの数、なんと四十品目。彼は続けて（落っこっていないのは、ほんとうにお金と人間ぐらいなものだなあ）と、この自伝小説の主人公に、早朝の通りへの感想を言わせている。

おやつを列挙した子は、決してふざけているのでもなく、作家とは違い文章を生き生きと印象づけるためのテクニックとして、ひたすら菓子名を数え挙げるということをしているのでもない。つい夢中で書いていて、あとでその効果や、ある種の説得力に自分で驚いている。そこからまた、表現について自分から何かを掴む。

作文が楽しい。作文は難しくない。作文は得意だ。そう感じていく子は、学校で他の教科にも積極的になり、物事に向き合う姿勢が前向きになる。そのことを、母親たちからの報告で知ることが多い。

「学校の授業で、どんどん手を挙げるようになった」という声。「学校行事についての取組みの発表をクラス代表で校長室で行う」という係に、一人だけ、真っ先に立候補の手を挙げたという男の子の母親は、「およそ積極性とは無縁のままで五年生になった子だったのに」と驚いて嬉しそうに話してくれた。

加筆しておくが、前述のお菓子の品目オンパレードの巧まざるテクニックについてだが、以前教師の方々に、「作文への導き」のヒントを話す機会があった時に、「寺子屋」でのさまざまな試みを提示して子どもたちの作文を紹介した。その際最も先生方が笑い、会場が沸き、「反応」の大きかったのは、「おやつ」の描写箇所が印象的な彼の一文だった。

その「反応」は、〝驚き呆《あき》れて〟のそれではなく純粋に、子どもが描き出した一つの世界に引き込まれ、心を吸い寄せられて楽しんだそれだった。

しかし、どの子の文の、どんな所を評価をしたいか、どの文が印象的だったかという私からの問いかけに、先生方の一人も、評価の票を入れなかったのがお菓子の品目の列挙という彼の表現だった。

大人は教育的に、作文として「正しいか」「正しくないか」といった、一般的、分かり易い評価のモノサシで、子どもの書くことや書き方の善し悪しを判断しがちになる。そこに陥《おちい》ってはいけないと思う。意表をつかれて評価の尻込みをすべきではない。

あくまでも、子どもの「書きたくて書いたという一心な世界」を大切にしたい。彼は読ませる技術を知り尽くして書いているのではない。ふざけているのでもない。

このような品目の列挙の持つ説得力といったことを井上ひさしの自伝小説の描写などを通してやっと納得した顔つきを浮かべるのではミもフタもない。

大人たちは、もっと素直に、自分の心が反応した（思わず反応してしまった）子どもの言葉や表現に虚心に向き合ってみるべきだと思う。

子どもたちの変化

「書く」ということに、妙な構えも脅《おび》えもなくなった子たちは、「どんな課題を出されても大丈夫。どこからでもかかってらっしゃい」という感じになる。

すると、指導する私の方にも「表現してもらう」ことに欲が出てくる。

「前半が丁寧な分、後半に三、四行でももっと細かな描写があれば完璧なものになる」などとつい、アドバイスが増えるときがある。

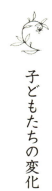

「中学に行って、今まで通り、スラスラと文が書けるようにこの状態をキープしてほしい」あるいは「高校生になったとき、宿題のレポートなどをしっかりまとめられる子になっていてほしい」という親心が、私をそうさせる。

「寺子屋」では、習慣として、書き終えたみんなの作文を授業の最後に読み上げるが、子どもたちの中には必ず「先生、私のは読まないで」「ボクの、読んじゃダメ！」という子たちが何人かいる。本人たちがイヤだと言うものを、無理に読み上げることはしないが、この子たちが変化するときがある。必ず自分の方から言葉にして「先生、ボクのも読んでもいいよ」と、言ってくるようになる。書き続けているうちに自分の文章を客観的に見られるようになり、自信を持つのだ。

そして、その頃をさらに一年ほど過ぎると、「ここは、こうしたら、もっといいわよ」という私のアドバイスや提案に「はい！」と言わなくなる。

原文を改める労力がイヤだとか面倒くさいというのではないことは、子どもを知っているのでよく分かる。「自分の書いたもの」への愛着と誇りが「これが私なのだから、これでいいと思う」という受け止め方をその表情の下に秘めて私の提案を聞いている。

そして終りの時間が来たとき、子どもは「先生、私、やっぱり自分の書いたままでいいと思う。このまま直さない」と告げる。

「はい、分かりました。じっくり考えて、そう決めて偉かった」

すると、その子は本当に嬉しそうに、満足気に微笑む。私も嬉しい。

「NO……」と言える子は、この先でも必ず伸びる。精神の反発力を別名「自立心」と、私は心得ている。

自分の書いたものに自信と愛着を持てている子は、つまりその域に達したということだ。「否」と応じるのは当然のことなのだ。

私は「寺子屋」にやってくる子たちを見ていて常々「色々と教え込まれ過ぎていて、自分の考えを育てない教育の弊害」のようなものを、感じてきた。言い換えると色々な意味で大人の望みのままに、小さく整ってしまっている部分が目立つ。

作文一つにしても「書けないのは、私が（僕が）悪いから」と、子どもに思わせてはならないことは大人の度量だし、そう思わせてしまったら大人として失格なのだが、だからと言って大人の顔色を窺《うかが》い、大人の喜びそうな小さくまとまった作文を書かせられ、その作文を「正しい作文」と信じている子も困る。「子どもに、自信を失わせることがあっては駄目！」というのが、私のモットーであり、信条だが、その信条には「自分の感じ方や見方を自分で尊べる心を持てる子にしたい、自問自答のできる子にしたい」という思いがある。

私が、子どもたちと三年、四年とつき合ってきて、子どもが堂々と自信を持って書くようになったとき「こうすれば、さらに良くなるよ」と私から指摘され「はい、そうします」と、そればかりでは、自分の文章として成長しない。時には「いや、これでいい」という子もいなくては「寺子屋」も情けない場となる。

大人になった「昔は子どもだった人たち」の誰にでも経験があるはずだが、親や先生に「こう書きなさい」と言われ、その通りに渋々応じても、内心はちっとも喜んでいなかった自分のこと。私は、アドバイスはするが、子どもには「大人に言われて改めたが、納得していない」という不満を抱かせたまま、帰宅させたくないと思っている。

高校受験が近づくと、受験までに何日かでも集中して「書く」ことに慣れたいと、やって来る子たちもいる。

その中には、たった五、六回作文に挑んだことで、驚くほどの進歩、成長を見せる子もいる。そんな子の中に頭髪の前髪を、両眼の下まで伸ばし、双《ふた》つの眼球に、すだれか暖簾《のれん》を掛けているような状態で訪れた子がいた。背中は椅子の背もたれに思いっきり凭《よ》りかかり、その視線は上目づかい。大人を正直に「値踏みする目」だった。

私の経験から言うと、前髪で目を覆う子や、片目だけ見せて、顔の半分を髪で覆う子は、心の奥に屈託を抱え、深い所で自分の良さに気づけない自信のない子が多い。「この子の前髪を、スッキリ眉の上に整えられたら……」と秘かに願った。

言葉への迫り方に、良い素質と感覚を持っている子だと、第一日目にその子の四百字の文章を読んで思った。

課題は「人生、十五年を生きて」だった。多分、本人は思ってもいないはずだ。自分の中に眠ったままで在《あ》る色々な「言葉」の宝庫に。つまり宝庫である感情の源流に。そう思わせる作文だった。あとで知ったのだが、彼はこれまで多くの挫折を味わってきた内向的な少年らしい。

私がその子に、言葉に対する資質の良さを正直にしっかりと伝えたときの、本人の私へ向けた視線と表情は忘れられない。それは、全く呆気《あっけ》にとられたといった風な「意表をつかれた驚愕」そのものの、それだった。第二回目に、彼は、私が一切頼みもしなかったのに、自主的に六百字の作文を二本書いて来た。これから伸びていき、もっと内面的に大きく飛躍できると感じさせる思考力の芽が繊細に光る良い作文だった。彼の内側に積み上げられた思索への入口、糸口について評価し感想を告げ、自主的に書き上げたその意欲について、大いに讃えた。彼は自分の中に「言葉にされるのを待っている体験」がたくさん生きていることに気づいたらしい。

三回目、彼は、スッキリと額を出してやって来た。暖簾もすだれも要らなくなったのだ。彼の一つの季節が通り過ぎたのだと思った。

残り三回の授業は、もう彼の椅子に背もたれは不要だった。

彼は自分の中にあった「本当の力」を知ったのだ。内気であり、一切、自分から自己を語ることがなかったという彼が、正当に本来の自身を評価したのだ。

私は、子どもたちの、自ら伸びようとする魂に深い感動をもらってきた。子どもたちの中にある自助能力、自浄力、回復力の強さと美しさというものに、こちらが清められてきたとの実感が深い。

「と」で並べて較べて考える

タイトルに「○○と○○」のように二つの名詞を並べたり、動詞、行為などを挙げ比較してみる時など、「と」という格助詞を使ってみると、小さな子でも「考える」ことの入口、糸口に心が繋《つな》がっていく。

「なんでもいい。物の名でも動作でも二つを〝と〟で繋いで並べ、そこから作文を書いてみて」と提案すると、子どもたちは、暫く宙を見つめていた視線を原稿用紙に転じ、書き始める。「寺子屋」に来て、一年ほど経つと、子どもたちはその説明で「書いてみたいこと」が浮かぶようになる。物と物、物と人、人と人、特有の個々の関係を見つめることで、あらためて開かれていく世界、テーマがある。子どもは、それに気づいていくのだ。

「父と祖父」「お母さんとガーデニング」「お父さんと焼肉」「野球とサッカー」「携帯とメール」「祖父と手品」「祖母と母」等々……。

「と」で二つのものを並べて置いてみると、そこに対比と関連が生じ、「関連づけ」という作業、思考を通して新しい展開が独自に生まれていく。比較したり共通項も眺めてみたり、さまざまな角度から論じたくなるのだ。この課題は、学年が上にいくほど自《おのず》と、観念的になり、そこに物の意味づけや、発想の展開としての「論」が立ち上がる。このような力を身につける子は、その先で大学などでのレポートも、今流行《はや》りのネットからの書き移しや、巧みな一部引用の組み合わせなどを多用せず自力で書ける。

一例を記すと、高校二年の女の子が「蛇口と私」といったタイトルで書き始めた。

本人は「何を書こうかなと思っていたら教室の壁際の洗面台が目に入り、そこに蛇口が光っていたので、これを使って書いてみたい」と、そう思ったのだという。蛇口の栓の開閉による出水と止水、これは人の感情の放出を、理性によるコントロールに置き換えてみると、何か面白く、分かり易くまとめられそう……と、発想が広がり楽しく書けたという。「蛇口と私」という一文は、「私」の感情とそれを整えていく際の心の動きを書いた上出来の論の展開を見せていた。

また、中学三年の男の子は「手紙と電話」のタイトルで、両方の使い勝手の利便性やそれによる人間同士の心のやりとりへの気づき、その妙などを丁寧に書き起こしてくれた。

「と」で、並べ、較べて、あれこれ考える糸口を見つけていくという作業では、一見すると対極にあるようなイメージの言葉を深く見つめ直し、視線を少し変えてみることで、より広がりのある解釈へと繋げていくという課題もやる。人間というものを複眼で捉《とら》えるという見方、発見のきっかけ作りになればと。

「長所」と「短所」とは、正反対なイメージで捉えられるが、子どもたちに、より深く考え、より豊かな受け止め方も学んでほしく、『長所は時には短所ともなる場合があり、短所も時に長所と言えることもある』といった文章を示す。最初、子どもは「えっ?!」という顔をする。

それから、この文章が、そのまま生かされる状況となる作文を書き、この文章をその作文のどこかに用いてみるという課題を出す。

小学生も、中学生も口を揃えて、「長所は長所、短所は短所とだけしか思ったことなかった」と言う。「考えてもみなかった」と、そう言い、そして「作文を書いてから考え方が、少し変わった。面白いね」とも。このテーマに苦闘していた四年生の女の子が書いたのは、次のような文章だ。

「私は、なんでもさっさとやって、良い子だとよくおばあちゃんにほめられてきました。私はのろのろ、ぐずぐずしている妹が、とてもいやです。だから、朝ものんびりしている妹と一緒に家を出るときは、けんかになります。」といった書き出しで始まる。作文の概略は学年が一つ上になったこの姉妹は、入学したての下級生の面倒をみる役目になる。そのときに、てきぱきやれる自分は、のんびりしている妹にくらべると、下級生にいつもいらいらしていることに気づく。一方妹は、べつに「下級生にはやさしくしよう」と、努力して接しているわけでもないのに、「とてもいい感じ」なのだと書く。

そして「長所は短所となる場合もあり、短所が長所になる場合もあるものだ。」

で、この作文を終えている。書く前の真剣な苦闘の表情が「あっ‼」という顔つきになり、書き始めると一気に書き上げた。

この四年生の女の子とは違い、自己嫌悪感を覚えるほど、熱しやすく冷めやすい自分の持ち味に自信を失っていたという子が、この課題の中から、一つの気づきを得る。こう書いていた。

「ピアノも和太鼓も、体操教室も、みんな途中で止めた。けれども、やっている最中はまわりの誰よりも集中できたし上達した。そして、やっている間の一年とか二年は本当に楽しんだ。私は短い間の集中力や熱中力は大きいと気づいた。いっそ長つづきしない自分を嫌わずに、前向きに考えればいいと思った。短所も時に長所と考えるようにしたい。その証拠に、私には、とても友達が多い。学校以外の友達があちこちにいる。みんなレッスンやトレーニングで一緒に頑張った仲間だったから、ずっと友達だ。本当に短所も長所に変わるかもしれない。」

物の見方、考え方、感じ方の芽を育てるのに、さまざまなテーマの作文を書いてもらうという試みは、もっと、もっと必要だと思う。

一見、とても難しそうにみえるテーマを扱《あつか》っていて感じるのは、子どもは案外、こうした哲学的な頭を使うことが好きなのだということ。物事の本筋を摑み取っていく子どもの鋭い感覚は、一つのきっかけで、伸びていく。

分かり易い展開だと、「ことわざ」にある「善は急げ」や「急がば回れ」「果報は寝て待て」といった、一見対極にあるような表現からその矛盾について自分なりの考えを巡らし、思いを深めてみて書く。あるいは、四文字熟語を、その意味と使い方を説明した上で、四百字の作文の中で五個以上を工夫して用いて、一つの文を仕上げるということもさせてきた。

自ら独自にイメージを広げて書いてみるという文章への取り組みは、小学生でも十分に可能で、それは思考力と論理力を易しく引き出す入口となる。

哲学することの入口に立つ

「寺子屋」に通う子たちが三年目を過ぎる頃に書いてもらう作文は、幾つか「考える」ことを作業の中心に据《す》えたものになる。この頃になると、子どもたちは「書きながら考えを進めていく」ことができるようになる。書いた言葉が、次の思考へと向かい、それを文字にすると、さらにそこから次へと考えが広がっていくという作業が、育っている。

子どもたちは自分の中に「書くこと」と「考えること」との連動がくっきりと起き上がっていくことを、本当に喜ぶ。驚き、喜ぶのだ。

現代の子どもたちの生きている周辺は、家の仕事を手伝ったり、四季の変化に対峙して、そこから、子どもなりに何かを掴むというかたちでの「知」に出会う状況が乏しい。

無論、漁業や農業、酪農といった家業のもとで成長する子は、その限りではないが、一般的に、現代は、子どもたちの家の外で学ぶ「知」は、既存の知識の吸収に大きく傾いている。

子どもたちが十歳、十一、二歳という年齢にさしかかったら既存の知識の吸収に併行して、積極的に「自問自答する習慣」と「自分の頭で考える」ことを生活に取り入れたいと思う。

子どもたちが、大きく変わっていく作文の課題を挙げてみる。

糸へんに半と書いて「きずな」。この文字の「糸」とは？　「半」とは？　それぞれのイメージだけで、自分にとっての言わば「きずな考」とでも言うべき作文を書いてもらう。この授業などは、教材として小・中学校でも、教師の裁量で色々と、別の漢字を使って展開できるのではないか。子どもたち、それぞれが自分の気になる漢字を見つめ、イメージを広げるのも、子どもの印象に残る授業になると思うが。高学年の子たちの多いクラスでは「命」という文字に、なぜ「叩《たた》く」の字が入っていると思うかを、自分なりの発想、感覚で書いてもらったのもなかなか面白く、あとで全員の文を読み上げると「ナルホド……」と、他の子の発想に感心し合っている。私自身が、こうした文字に触発されて、三十年前に書いた詩がある。〈「絆」・『母になったあなたに贈る言葉』所収（清流出版）〉

命の半分を／分かち合う絆／絆という糸／するすると　手繰《たぐ》れば／結び目に／香る　残り香《が》／この糸は／命のつづき／紡《つむ》ぎ　繰《く》られて／遠い命に／織りこまれ

「糸へん」の文字を、たくさん使ってみた詩の一編である。「命」の方は、互いに相手の心の扉をノックし合って生かされる「命」というものへの発想を広げてみた一編になった。

「寺子屋」で三年目を過ぎる子たちが挑戦するテーマの第一番目がこれだ。

――「言葉」という文字に付いている「葉」の字について、考えてみましょう。なぜ、「葉」の字が「ことば」に、付いているのか、私はこう思う。きっと、こうに違いないというものを、自分の思うまま、信じたまま、書いてみて下さい――

と、いうもの。

「葉」の特徴や「葉」について思いつくことなどを次々に考えてもらい、それらの「言葉」に当てはまる共通項をあれこれイメージして、子どもたちは、こんな風に書く。

五年生の女の子は、「葉は色々な形がある。丸い葉、細長い葉、ギザギザの葉、それぞれの葉の形の違いは、まるで英語、イタリア語、フランス語、日本語……のように、そのまま世界中の色々な言葉を表しているようだ。」と書き、またやはり五年生の別の女の子は「葉はどんどん茂っていく。言葉も、言っても書いても、それは多くの人へと繋がり、広がっていく力がある。葉っぱと言葉の、とても似通っているところを、考えていると、まだあった。季節によって色を変える葉は、まほうみたいな不思議な力があるけれど、言葉も、人を励ましたり、喜ばせたりする力もある反面、傷つけたり、悲しませたりもする。」と書く。子どもなりに哲学している。

子どもたちの中には「初めて、言葉って、いい漢字だと思った。」という一言で、文を締《し》め括《くく》る四年生の男の子がいる。

この課題については、六百字をめやすに書いてみることにするが、みんな六百から八百字を使って書いている。「葉は、散って地面に落ちても、肥料になって、また次の葉を育てる。言葉が、時間が経っても消えずに残り、次の時代の人たちに、伝わっていくのと同じ働きをする。」という点に着目する五年生の男の子もいれば、「もともと、文字を使う前は、色々な葉の形と、葉の上の葉脈の形で、心を伝え合ったり、言いたいことを表したりしたという時代があったのかも知れない。葉に穴を開けて使ってみたりして、今の手紙のようにしていたことも、もしかしたらあるのかなと、面白くなった。」と想像を膨らませる四年生の男の子もいる。

そして、樹の、細い枝の先についている、生まれたての小さい葉ほど、風が吹くとひらひらとゆれるように、言葉も、子どもたちのほうが大人より、賑やかで、うるさがられるというのも、「言葉」についている「葉」に似たものを感じるという思いに至る同学年の男の子。

「考えてみる」ということを、テーマに作文を書いてもらう時、これまで「思いをめぐらせる」という表現があることを伝えてきた。子どもたちは「思いをめぐらせる」という言葉を（言い方があるのを）知らない。「めぐる」という表現を「城めぐり」「温泉めぐり」「公園めぐり」といった言い方を例に挙げて説明する。

そして「考える」ことが、思いがぐるぐる回ったり、あちこちへ動いたりしながら、自分の心で探していくことなのだと伝えたあとで「考える」ということの答は、たった一つではないこと、国語という教科は、算数と異なり漢字は別として正解が一つしかないということはないのだという点も話す。

「私なら（僕なら）、こう思う」という思い方、考え方を迷わずに書いてみてほしいと言ったあとで「できそう？」と尋ねると、みんな、一斉に首をコクリと縦に振り、頷《うなず》く。「書けそう！　と思う人？」と念を押すと、今度は一斉に、まっすぐ挙手する。

自由に「思いをめぐらす」ことは、子どもたちにとって、楽しく、そして「勇気」を得ることなのだと、私自身が気づかされてきた。

勇気とはきっと〈こんな風に、あれこれ思ってみられること〉への自身への強い肯定感なのだろう。書き終えると、堂々とした表情で作文を提出し胸を張るのだ。

十歳から、十一、二歳の頃、「ものごころ」が豊かに動き出す、その時分に「考えるということの糸口」を、しっかり子どもに摑ませたい。

昔、子どもの成長のめやすを短い言葉で祖母が口にしていた、

――三つこころ、六つしつけ

九つことば、文《ふみ》十二、ことわり十五で　末《すえ》決まる――


を、しきりに思う。

三歳の子に、人の根っことなる心の情操を養う対応をし、言葉の意味が充分に分かる六歳でしつけをし、九歳では日常の言葉を自在に駆使する子が、文章を言葉にして書きつけることを十二歳で完成させて、自分と自分を取り巻く周りの世界との道理、筋道が十五歳で分かる子になっていれば、その先の人生も決まったようなもの……という、明治生まれの祖母の口癖は、振り返ればそのまま、心を育てる「言葉教育」の意味の深さ、重さを伝えているのだと思える。

文筆と育児の融合と帰結

—あとがきにかえて—

本書を書いている間、幾度も私の祖母や母のこと、そして小さかった頃の私の二人の子どもたちのことを思い出していた。

「読み、書く」ことは、「聞き、話す」ことに支えられてゆっくりと立ち上がる。

書くことは「お母さん、あのね」という語りかけの先に形となるものだということをあらためて思う。

現代の社会状況の中で「言葉」はかつてなくメディアにも、ネットにも大挙して押し寄せるように子どもの周りに溢《あふ》れている。だが、だからこそ、親を筆頭に、子どもの身近にいる大人は誰でも、肉声で子どもに語りかけ、子どもと話をすることに丁寧に向き合ってほしいと思う。

振り返ると、私は小学三年の時に、寝たきりの姑の介護と三人の子の育児に忙しかった母に頼まれ、遠方に住む親類の誰彼に手紙を代筆し、私たちの日常、近況を、せっせと書き送っていた。

あとになって、あの体験は、心を言葉にしていく営みと、伝えることの重さを知る意味で、大きかったと思う。

私が母になってから、子どもたちとは、食事の済んだダイニングテーブルに、いろはかるたの取り札の絵を裏返して無秩序に並べ、それを順番にめくっては、絵をもとに「お話」をつないで遊んだり、寝床の中では、眠りに就くまで、おとぎ話や童話の続きを作って遊んだ。全ては思い出の底に沈んでいる光景だが、今「寺子屋」の子どもたちと「言葉」で遊び、「言葉」を探し、「言葉」を連ねていると、いつしか自分が、ずっと時間《とき》の中に「言葉」を抱えて立っているマトリョーシカのように思えてくる。

人が、ある年齢まで生きていると、人生の途中で、辺りの様子が以前とは違ってきていることに驚くときがある。時代の景色が変わるのだ。

日本の暮らしの中で「伝承文化」としての貌《かお》と知恵を持ち、親の人生に、各自の個性の美学や価値観で、その位置を占めていた「育児」が次第に心理学、精神医学の領域まで裾野《すその》を広げ、科学的なエビデンスが主流となり、アカデミズムに依拠《いきょ》した方法論の流行とマニュアル化は進む一方だ。

「育児」に「理」が優先されれば「情」の毛穴は塞《ふさ》がれていく。子は「情」でこそ、心が養われていくのにと、懸念してきた。時代は変わっても忘れ去られてはいけないことがある。

こうした状況下、今から二十数年前から、変わらず「ありのままのあなたで母に」「育児に王道はない」「わが家流の育児を」「わが子の専門家はあなた」「わが子専用の育児書も、わが子専用のマニュアル本もない」等々と、拙著で、さまざまな表現で、母親たちへのメッセージを書き続けてきた。

そして今、多くの母親に向けて発信してきた思いを「寺子屋」で、原稿用紙に向かう子どもたちに伝えている。

「自分の分かり方、感じ方、あなたのやり方で、ものごとを受け止めて書いて」「思い方はいろいろ。考え方も、あなたなりでいい」。

IT機器を傍《かたわ》らに育つ子たちの言語環境について、メールやSNSからゲームまで意識して、時代の状況を俯瞰《ふかん》で見つめる目を失わずにいたい。これまでにない華やかで賑やかな言語環境の中に、子どもの暮らしを放置せぬよう、大人たちは大いに心を砕《くだ》かなくてはならない。

私は「寺子屋」を通し、自分の言葉に、責任と誇りを持てる子を育てたい。

子どもたちに、他人《ひと》の真似ではない、自身の言葉と表現、考えを持ち、それを生きる道具として、自由に堂々と使える大人になってほしいと願っている。心を盛《も》る器《うつわ》としての自分の言葉を大切にして成長してほしい。

本書は、書き終えてみると、私のこれまでの文筆家としての仕事と、母としての育児の営みとの軌跡であり、その融合《ゆうごう》と帰結《きけつ》とも思える。

これは「作文の書き方に王道はない」という、私の「寺子屋流　作文の楽しみ方」といった一冊になった。私塾の、ささやかな方法論が、作文好きの子が生まれるきっかけの一助にでもなればと願う。

制作に関しては、辣腕《らつわん》編集者の西澤尚昭氏に多くの労を頂戴した。そして鳳書院出版部には大きなご尽力を戴いた。共に心から感謝したい。

最後に「寺子屋」で、成長を見届ける機会をもらう、たくさんの子どもたちに「ありがとう」の言葉と、毎回子どもたちの送迎の労を担うお母さん方に「いつもご苦労さまです」の労《ねぎら》いの一言を送りたい。

そして、本書を手にしてくださった読者の方々に頭を垂れつつ……。

二〇一七年　秋

浜　文子

【引用・参照文献】

（1）「紙風船」『黒田三郎詩集』所収（思潮社）
（2）「紹介」『吉野弘詩集』所収（角川春樹事務所）
（3）「ほほえみ」『新選　川崎洋詩集』所収（思潮社）
（4）「夕方の三十分」『黒田三郎詩集』所収（思潮社）
（5）「夕焼け」『吉野弘詩集』所収（思潮社）
（6）ポール・ヴェルレーヌ「落葉」上田敏訳『海潮音』所収（新潮社）
（7）「道」『東山魁夷 青の風景』所収（求龍堂）
（8）井上ひさし『花石物語』（文春文庫）

【プロフィール】

浜《はま》　文子《ふみこ》（詩人・エッセイスト）

育児、介護などの分野を中心に、現場主義に徹した視点で多くの著作物を出版、新聞、雑誌の連載などの執筆と共にラジオ出演や講演活動も行っている。

著書はＮＨＫ第２放送「私の本棚」で朗読され、エッセイは中・高の国語科の入試問題にも多く用いられている。「文章表現教室・寺子屋」は東京都内と都下の数ヶ所で開講中であるが、要請を受け、これまでに、茨城県、熊本県他の各地で出張授業を行ってきた。

著書に『浜文子の育母書』（メディカ出版）、『母の時間《とき》』（グランまま社）、『子どもの心を開く大切な言葉』（河出書房新社）、『おばあちゃんの隣りで』（筑摩書房）、『問わず語り老い語り』（学習研究社）、『祝・育児』『母の道をまっすぐに歩く』（ともに小学館）、『母になったあなたに贈る言葉』（清流出版）、『楽《たの》しんで楽《らく》になる浜文子の育児』（鳳書院）、『信じる力生きる力』（小学館クリエイティブ）、『母子《おやこ》によせる言葉のせせらぎ』（赤ちゃんとママ社）、『母であるという幸せ』『子育てに迷ったときの言葉のお守り』（ともにＰＨＰ研究所）等々。

浜　文子の「作文」寺子屋

二〇一七年十月二十五日　初版第一刷発行

著　者　浜　文子
発行者　大島光明
発行所　株式会社　鳳書院
〒一〇一-〇〇六一　東京都千代田区三崎町二-八-一二
電話　〇三-三二六四-三一六八（代表）
印刷・製本所　藤原印刷株式会社

ISBN978-4-87122-191-7

この本をお読みいただきありがとうございます。感想をおきかせください。
お手数ですが、この用紙を切り取り、ハガキに貼付して投函していただければ幸いです。

【投函先】〒101-0061　東京都千代田区三崎町 2-8-12
鳳書院　出版部宛

この面をハガキに貼ってご利用ください。